CHINESE
TEA
INDUSTRY
REVIVAL
PRACTICE

中国茶事

中国茶业复兴实践案例

蒋同 等著

上海三联书店

茶，是全球消费者最容易接受的中国产品。英国的强大有立顿，美国的强大有可乐，中华民族的复兴为期不远，茶作为民族文化载体将成为世界主流饮品，中国茶叶一定会诞生世界级品牌。

——蒋同

目 录

事茶十年

不知不觉，事茶已十年。

进入茶业之前，蒋同团队已经从事了多年的咨询工作，行业涉及家电、地产、手机、食品、服装、水果、酒水、汽车、互联网等，用熟练掌握的那些舶来的商业思想、工具，帮助本土企业在市场竞争中获胜。那些年，中国经济高速发展，市场好做，加之我们又会吆喝，早早地过上了体面的生活……但内心并不踏实，这不是我的理想。

当前的中国，诸多的产业正经历着由散乱到集中的过程，处于杀敌一千、自伤八百的混战中，回过头来看，经过这么多年的发展，很多产业仍没有突破天花板。

我的第一角色是咨询，我是这样理解咨询的：咨询的真正价值，不是你对产业有多熟悉、多有研究，而是你的思想、方法是否真的为这个产业做出了贡献，不仅要用方案，更要深入到产业中去，身体力行，推动产业由无序向有序进步，让产业更繁荣、更持续。

选择茶，是觉得茶乃排序第一的中华名片，影响最深远，传播最广泛，最有机会诞生世界级品牌。中国茶，不仅有巨大的商业机会，更是中华文化传播全球的最佳载体。

十年前的中国茶产业，小、散、乱、弱。举国上下，除了几家经营出口业务的国企稍具规模外，百分之九十九的茶企小得可怜。说七万家中国茶企抵不上一家英国立顿，话虽夸张，却也是当时产业的生动写照。

一干就是十年。

这十年，蒋同团队行程超过 200 万公里（相当于绕地球 50 圈），到过中国一千多个产茶县、数不清的茶山茶厂，与几千位茶企当家人、上百位地方政府领导深度交流过，做过上千场演讲和培训。

这十年，蒋同团队操盘了上百个各类咨询项目、几十个资本项目，参与了行业内屈指可数的几个并购重组案。

这十年，云南普洱茶、安溪铁观音、安化黑茶、安吉白茶、祁门红茶、英德红茶、武夷岩茶、蒙顶山茶、宜宾早茶、峨眉山茶、岳阳黄茶、泾阳茯砖茶、保靖黄金茶、湄潭翠芽等茶类的重新崛起，背后都有我们的身影。

这十年，中国茶产业蓬勃发展，产值从 300 个亿到 3000 亿。一些区域品类发展更是迅速，像普洱茶达到了 300 亿产值，安溪铁观音、安化黑茶的产值做到上百亿，崛起了一批几十个亿的龙头企业，十多家企业进入了资本市场。

难能可贵的是，这十年，中国茶业诞生了一批勇开拓、敢创新、懂管理、会运作的企业家——他们才是中国茶业复兴的中坚力量！

发展到今天，中国茶业的复兴已经不是浅层的品牌、营销、人才、资本问题了，更深层次的产业整合、农民组织、资源配置是中国茶企和政府必须深入思考的命题。

欣慰的是，十年下来，蒋同团队率先攻破了上述产业难题，不仅找到解决方案，更有深度实践。本书的初衷，就是希望蒋同团队的这些基于丰富实战案例积累的思考、方法、工具，对中国茶企、政府以及准备进入茶产业的人士有所助力。

中央政府构建的"中国梦"、"一带一路"战略，不是让我们陶醉于丝绸之路、周秦汉唐的历史辉煌中，而是希望我们依托得天独厚的历史文化资源，弘扬先祖之精神，主动走向世界，成为中华复兴的实践者，中华文明的传播者。

茶，是全球消费者最容易接受的中国产品。英国的强大有立顿，美国的强大有可乐，中华民族的复兴为期不远，茶作为民族文化载体将成为世界主流饮品，中国茶叶一定会诞生世界级品牌！

过去的十年，蒋同团队得到过理解、支持、提携，也遭遇过怀疑、误解、中伤。现在看来，这一切都是人生最好的安排，所有的经历，一点一点地促进了我们成长，让我们的内心更有力量、心胸更加宽广。

像思想家那样独立思考，像实干家那样脚踏实地，用自己的行动坚持自己的理解，这就是蒋同团队的"知行合一"。

团队新的十年之路已经开始，把"幸福茶农"事业发扬光大，为一亿茶农的幸福和中国茶畅销全球贡献一份自己的力量——这是我们的理想也是事业的终极目标。

感谢客户，给我们机会，给我们信任。

感谢我的公司，在中国只有和君这样的生态型咨询公司，才能源源不断地提供优秀咨询人才，助我解决一个又一个的产业难题。

感谢吴甲选大使和夫人张素娟女士及吴觉农家族，我们虽无血缘，但二老待我如家人，我也因此有机会近距离地了解吴觉农的生活和他的内心，愈了解吴觉农，愈尊敬吴觉农。

感谢王进先生为本书取名、严碧华先生为本书提供资料、周青丰先生为此书付出了很多心血。

感谢所有帮助过我，让我成长的人。

最后，感谢团队的兄弟姐妹，谢谢过去十年的一路同行。记住我们的约定：继续同行下一个十年！

本书案例，有意融合了茶的历史、地理、文化，希望在帮助读者了解商业运作的同时，能够快速地做一次茶的科普。书中有关于茶的基础知识和图片，部分来源于互联网的朋友们的帮忙，感谢你们。因时间原因和水平有限，难免有不当和错误之处，请读者批评指正。

让世界爱上中国茶！

蒋同

2016 年秋于深圳

第一章

泾阳茯砖茶：丝绸之路黑黄金

2014 年 9 月 19 日上午，随着时任陕西省副省长祝列克发出的启程令，"泾阳茯砖茶·丝绸之路文化之旅"从泾阳迈步启程。一支由 136 峰骆驼组成的泾盛裕商队，驮载着泾阳茯砖茶，历时一年多，重走丝绸之路，赴哈萨克斯坦，促进文化交流和传播。

　　"泾阳茯砖茶·丝绸之路文化之旅"活动，以泾阳茯砖茶这一历史瑰宝为切入点，以丝绸之路文化之旅活动为载体，组建一支由 136 峰骆驼、8 架木轮马车和 100 余名身着古装的人员组成大型商队从泾阳出发，带着泾阳茯砖茶，边文艺展演，边产品宣传，沿古丝绸之路行进，经过陕西、甘肃、青海、新疆，最终到达哈萨克斯坦江布尔州的陕西村。历时一年多，行程 15000 余公里。此次活动的目的是促进丝路沿线的文化传承与交流，探索文化带动经济，迈向共同繁荣的合作模式，以实际行动践行"共建丝绸之路经济带"的战略构想。

中国茶按基本类分有绿茶、红茶、青茶、白茶、黄茶、黑茶六大类，泾阳茯砖茶属黑茶类；按再加工茶类分有花茶、紧压茶、萃取茶等，泾阳茯砖茶又属紧压茶类。

历史上，中国经丝绸之路外销的货物主要有丝绸、瓷器、茶叶。泾阳是南茶北上必经之地，古时，泾阳茯砖茶沿丝绸之路远销中亚、西亚等四十余个国家，被誉为"古丝绸之路上的神秘之茶"、"丝绸之路上的黑黄金"。

泾阳位于秦岭以北，本不植茶，但泾阳位处关中腹地，泾河下游，自古是三辅名区、京畿要地，也是南茶北上必经之地，因此，从汉代始泾阳就成了"官引茶"的集散地。官茶到泾，另行检做，制成茯砖茶后，才沿丝绸之路销往西北各地乃至中西亚各国，泾阳遂成为加工、制作、输运中心枢纽。在漫长的集散、加工、制作岁月中，茶商在不经意间发现加工之茶中长出"金花"（茯茶中的"金黄色星状斑点"，学名叫"冠突散囊菌"，茶商们称其为"金花"）。因"金花菌"在黑毛茶的二次发酵中生长繁殖及代谢，极大地改变和提高了原黑毛茶的品质，从而形成了茯茶独有的风格。茶商们在此基础上，不断探索、总结、完善制作工艺、定型，形成了泾阳独有的茯砖茶品。据史料载，茯茶（散茶）在泾出现是在北宋神宗熙宁年间（1068—1077）；茯砖茶定型是在明洪武元年（1368）前后，距今约 643 年。

经科学研究，金花繁茂的茯砖茶，具有很好的调理肠胃、降三高、消解脂肪、调节糖类代谢等功效。"金花菌"孢子是原茶自身就带有的，为什么在其他地方长不出来，而到泾阳就长出来呢？一是泾阳的水质，其酸碱度和水中的

神奇的"金花菌"

矿物质满足"金花菌"生长发育的条件。二是泾阳地处关中平原腹地，位于冶峪河和泾河两河下游之间，北有嵯峨、北仲两座山，南有终南山，地势低洼，形成了一种既具有关中气候特点又具有湿地气候特征的独特自然环境。这一独有气候条件，恰好适宜"金花菌"生长、发育、繁殖。三是技术因素，也是人为因素。包括制作工艺、炒茶的火候及水分含量、发花的温度、筑制砖体的松紧度等。古时没有温度计和干湿仪，全凭匠工的经验和感觉来把握。千百年来，有多少人曾想把泾阳茯砖茶制作技术引到泾阳之外去，均未成功。也说明历史上的"三不离"（离了泾阳水不能制，离了泾阳气候不能制，离了泾阳人的技术不能制）是有道理的，泾阳是茯砖茶最佳筑制生产地的地位也是不可动摇和替代的。如同有人想把贵州茅台镇的茅台酒引到当地制作，却发现无法达到茅台镇茅台酒的独特风味一样。

泾阳茯砖茶茶品中生长、繁殖有"金花菌"，它极大地改变并提高了茶品中各有效成分的含量，这是茯砖茶的品质比之其他茶品独特的原因所在。泾阳茯砖茶茶体紧结，色泽黑褐油润，金花茂盛，菌香四溢，茶汤橙红透亮，滋味醇厚悠长，适合高寒地带及高脂饮食地区的人群饮用。特别是对居住在沙漠、戈壁、高原等荒凉地区，主食牛肉、羊肉、奶酪，缺少水果、蔬菜的游牧民族而言，饮用此茶最为合适。因此，在我国西北地区有"一日无茶则滞，三日无茶则痛"、"宁可一日无粮，不可一日无茶"之说。中国历朝历代的统治者们正是看到这一点，便利用茶来安边、治边。从宋时起就有"以茶治边"的政策，朝廷设有"茶马司"以茶易马，与边民进行"茶马交易"，统治边民，从中获利。泾阳茯砖茶正是历史上历朝各代用于"茶马交易"的主要茶品。

政府推动，
再度复兴

　　历史上，泾阳茯砖茶获得了诸多的美誉。由于得天独厚的自然资源，加上当地的制茶技术，自古就有制作泾阳茯砖茶"三不能制"的说法，即 "离了泾阳水不能制，离了泾阳气候不能制，离了泾阳人的技术不能制"。1958 年，由于泾阳本地并不植茶，后来按照国家"多快好省"建设方针，中央政府要求把加工生产转移到茶产地，但由于湖南黑毛茶到泾阳生产成本较安化高，泾阳茯砖茶产量从此减少，直至 1958 年后停产。

　　今天，随着社会经济事业的发展，人民群众的物质文化生活水平日益提高，人民生活需求丰富多彩，要求越来越高，特别是对传统产品更加青睐。于是在泾阳大地上，泾阳茯砖茶老商号的后裔们迎来了重振先辈们曾经创造过的"茯砖茶霸业"的历史机遇，他们决定开发这一历史传统产品。在县委、县政府的大力支持下，泾阳县已成立茯砖茶发展服务中心和茶业协会，倾全力挖掘搜救传统工艺，旨在延续泾阳茯砖茶这条绵延的血脉。2007 年，泾阳茯砖茶工艺恢复试制成功并恢复生产，2013 年，泾阳茯砖茶完成了地理标志证明商标保护工作，成为"国家地理标志保护产品"，其制作技艺入选陕西省非物质文化遗产保护名录。

　　泾阳县委县政府经过充分调研论证后，决定将泾阳茯砖茶产业作为富民强县的支柱产业来打造，成立了以县委书记陈万峰为第一组长的泾阳茯砖茶产业发展推进领导小组。此后泾阳茯砖茶生产企业由最初的 4 家发展到 2013 年的 30 多家，全县加工生产茯砖茶 3200 多吨，产值达 3.8 亿元，涌现出"泾

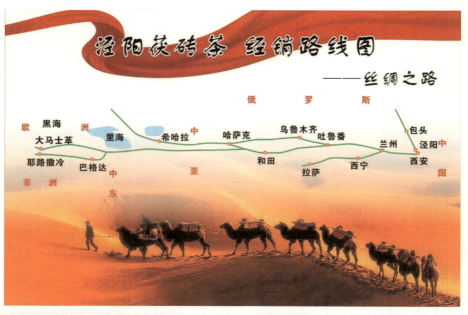

盛裕"、"裕兴重"、"泾砖"、"高香"、"百富"、"红星"、"延寿宫"、"润福祥"等龙头企业和知名品牌。

完全按传统手工艺加工生产的泾阳茯砖茶在泾阳大地绝迹了半个多世纪后，今天又呈现在世人面前。它以优良的品质、独特的风味期待着新时代的重新拥抱。

产业发展，战略先行

茶是世界三大饮料中最具有生命力，最受消费者欢迎的饮料之一。随着国民经济逐渐提升以及国民消费意识向文化、健康观念的转变，中国茶产业将蓄势而起，并进入一个新的发展阶段。消费者对产品质量与品牌日益重视，消费习惯的区域性逐渐淡化，茶业的生产方式将向规模化、产业化、机械化方向发展。整体上，中国茶产业的集中化发展和分层化发展并存，最终走向品牌化、规模化、标准化。今后五年是泾阳县茶产业实现跨越发展的重大机遇期，从茶产业发展的规律、特点和趋势出发，寻找与之相适应的发展模式、市场环境和竞争策略，制定适合泾阳县的茯砖茶产业发展战略规划，是抢抓机遇、全面提升泾阳县茯砖茶综合竞争力和可持续发展能力的重要部署。

蒋同团队访谈了省、市分管领导和县里主要领导，对县内茶企进行地毯式走访，并奔赴西安、兰州、乌鲁木齐、广州、深圳、上海、济南、北京等多个市场进行摸查。

项目组同时对泾阳茯砖茶产业进行资源扫描，发现泾阳茯砖茶产业目前资源相对分散，产业优势亟待挖掘放大，而且目前面临着以下几个问题：缺乏系统规划、基础设施薄弱、品牌建设不足以及缺乏龙头企业带动。如今，借着建设"丝绸之路经济带"东风，泾阳茯砖茶产业迎来了新的一轮发展机遇，如何有效配置资源，乘势而起，从而推动茯砖茶的产业复兴成为当务之急。

县长张渭、副县长谢保卫、茯砖茶发展服务中心主任毛敏辉和全县有关职能部门负责人对"泾阳茯砖茶产业发展规划"进行论证

蒋同团队访谈泾阳茯砖茶传承人

全县领导班子、企业、协会首先要统一思想，把茯砖茶产业当作富民强县的重点产业进行重点扶持；其次，政策驱动，拟定具体、有效的产业扶持政策，具体包括土地支持、基地建设、产品建设、品牌建设、营销支持、融资支持等，重点扶持龙头企业，培育和发展中小企业，形成茯砖茶产业集群，促进产业繁荣；其三，广泛动员，通过内部动员鼓励围绕茯砖茶的创业，通过外部动员招商引资，通过发展联盟团结产业外的社会力量。

县委书记总负责，县长统管，分管县长抓落实，县内茯茶中心、农林、财政、发展与改革等职能部门协同，协助茯砖茶发展服务中心的工作，共同推动茯砖茶产业的繁荣。

到 2015 年底，全县茯砖茶规模企业由 2013 年的 38 家发展到百余家，产业规模由 2013 年的 3.8 亿发展到 12 亿，三年时间，泾阳茯砖茶产业真正实现了跨越式的发展。更多的企业正在进入泾阳县茯砖茶产业，继续做大产业蛋糕，泾阳茯砖茶的品牌知名度和市场占有率在全国逐步扩大，到 2020 年，泾阳茯砖茶可做到 50 亿产值，成为富民强县的支柱产业。

泾阳茯砖茶在历史上（秦朝）远销西北乃至更遥远的中西亚各国，不仅带动了当地商业的繁荣，产业的兴盛，更承载着秦人自强不息、奋发有为、开拓进取的豪迈情怀。今天的中国，今天的陕西，今天的泾阳，正处在历史上又一个全盛的辉煌时期，因此，我们有理由相信，泾阳茯砖茶定会迎来又一个更加灿烂的明天。

进入21世纪以来,茶产业高速增长,产值已近3000亿元。近年来普洱茶、安化黑茶、白茶等相继成为市场热点,带动了一方经济增长。但在中国,各地名优茶上千,区域分割严重,竞争激烈,如何在市场中脱颖而出,这是一个很大的命题。泾阳茯砖茶的生产在中断了几十年之后,产业基础十分薄弱,品牌知名度低,现有企业实力偏弱,因此如何做好顶层设计,抓住机遇,放大优势,突出特色,打造亮点,赢得市场的认可,这对蒋同团队是一个巨大的考验。在这个项目中,蒋同团队通过不断地思考、碰撞,对比标杆产区,学习业外经验,反复修改论证,最终形成了解决方案。

(一)转变思路,市场导向:传统的茶产业规划,多是埋头于茶园管理、生产、加工等环节,但近年市场大环境不佳,需求呈结构性变化,市场相对乏力,而一旦市场无法打开,这个产业就失去了成长动力。蒋同团队走访调研了十几个主销城市,再结合自己在行业多年深耕得出的对行业的判断,得出了更加市场化的解决方案,帮助政府不仅从产业上游发力,也助推产业主动走向市场,形成全产业链的高效协同。

(二)顶层设计,执行落地:从政府层面来说,顶层设计十分重要,它犹如海上的灯塔,指引着前进的方向。但另一方面,顶层设计纵然高大上,但一切不能实现的顶层设计只是妄想空谈,规划仍需要可操作、可执行、可落地。本次规划中,蒋同团队对每个规划环节的撰写都务求可操作性,从客户角度出发,设计如何完成规划目标的具体路径。

(三)资源配置,产业经营:一方面泾阳茯砖茶产业处于快速发展的阶段,另一方面产业基础薄弱,因此,更需要整合现有资源,并引入外来力量,调动一切可以利用的资源,将之合理分配到整个产业链的各个环节中去,发挥资源的最大效用。产业的发展不是一朝一夕的事,而是一个系统工程。泾阳茯砖茶的产业复兴是资源与时间累积的一个必然结果。

泾阳县委书记陈万峰在产业推荐会上推荐泾阳茯砖茶

泾阳县长张渭向外国客商推荐泾阳茯砖茶

第二章

八马茶业：从铁观音到中国好茶的战略升级

两个传说

谈起八马茶业，还得从安溪铁观音的两个有趣的传说开始。

安溪铁观音产于福建泉州安溪县，属于乌龙茶类（青茶）。"铁观音"既是茶名，也是茶树品种名。铁观音介于绿茶和红茶之间，属于半发酵茶类，独具"观音韵"，清香雅韵，冲泡后有天然的兰花香，滋味醇浓，香气馥郁持久，有"七泡有余香之誉"。一年可分春茶、夏茶、暑茶、秋茶，四季采摘，制茶品质以春茶为最佳。关于安溪铁观音的诞生，当地有两个广为流传的传说：

"魏说"——观音托梦

相传，1720 年前后，安溪尧阳松岩村（又名松林头村）有个老茶农魏荫（1703—1775），勤于种茶。他笃信佛教，敬奉观音，每天早晚一定在观音像前敬奉一杯清茶，几十年如一日，从未间断。有一天晚上，他睡熟了，蒙眬中梦见自己扛着锄头走出家门，来到一条溪涧旁边，在石缝中发现一株茶树。只见茶树枝壮叶茂，芳香诱人，跟他见过的茶树不同……第二天早晨，他顺着昨夜梦中的道路寻找，果然在观音仓打石坑的石隙间，找到梦中的茶树。仔细观看，只见茶叶椭圆，叶肉肥厚，嫩芽紫红，青翠欲滴。魏荫十分高兴，将这株茶树挖回家种在一口铁鼎里，悉心培育。因这茶是观音托梦得到的，故取名"铁观音"。

"王说"——乾隆赐名

相传，安溪西坪南岩仕人王仕让（清朝雍正十年（1732）副贡、乾隆六

年（1741）曾出任湖广黄州府蕲州通判），曾经在南山之麓修筑书房，取名"南轩"。清朝乾隆元年（1736）的春天，王与诸友会文于"南轩"。每当夕阳西坠时，王仕让就徘徊在南轩之旁。有一天，他偶然发现层石荒园间有株茶树与众不同，就移植在南轩的茶圃，朝夕管理，悉心培育，年年繁殖。茶树枝叶茂盛，圆叶红心，采制成品，乌润肥壮，泡饮之后，香馥味醇，沁人肺腑。乾隆六年（1741），王仕让奉诏入京，谒见礼部侍郎方苞，并把这种茶叶送给方苞。方侍郎闻其味非凡，便转送内廷。皇上饮后大加赞赏，并垂问尧阳茶史。因此茶乌润结实，沉重似铁，味香形美，犹如"观音"，赐名"铁观音"。

　　2008年，安溪铁观音传统制作技艺入选国家级非物质文化遗产保护名录，魏姓后人魏月德和王姓后人王文礼成为该项目代表性传承人。王文礼先生也是铁观音发现者王仕让的第十三代传人。王文礼掌门的"八马茶业"源于百年前的"信记"茶行，公司旗下有安溪八马茶业有限公司（为公司总部并具体负责产品生产和外销）、深圳八马茶业连锁有限公司（负责全国自营连锁）、厦门八马茶业有限公司（负责加盟及福建自营）。目前，公司参与管理茶园基地5万多亩，现有西坪和龙门两个加工厂，总建筑面积6万平方米，年加工能力6000吨，其中龙门加工厂是目前亚洲最现代化的铁观音精制加工厂。截至2015年，八马茶业在全国连锁终端门店超过1000家。

安溪地处闽南。

在闽南，歌曲《爱拼才会赢》几乎家喻户晓，这首歌正是闽商"爱拼敢赢"的性格写照。相对于民风较为保守的内地，闽南人更具开放和向外开拓意识。传统文化注重的"安土重迁"、"父母在不远游"等观念，在闽南几乎没什么影响力。闽商闯荡全球的历史显现出典型的海洋文化特征。

在经商传统的影响下，"办企业当老板"成为闽南人的价值取向之一，所谓"少年不打拼，老来无名声"、"输人不输阵，输阵番薯面"。崇尚、"三分本事七分胆"的闽南人不喜欢存款而喜欢创业，创业过程让他们感到一种极大的满足。他们充满冒险精神，崇尚外出"掘金"，一旦认准目标就不放弃，"赚一块钱再借一块钱"投进去，依靠自己的拼搏精神取得成功。

历经千年的演变，如果说第一代闽商是为生计而远走他乡，现代的闽商则是为了发展而向外扩张，"开放"、"拓展"等意识早已融入他们的血液，成为闽商特有的禀赋。

据不完全统计，安溪县有 80 多万人从事和茶相关的行业。安溪铁观音拥有中国驰名商标 6 件，福建省著名商标 36 件。2014 年底，安溪茶园面积 60 万亩，产业总值近 160 亿元，形成了覆盖一、二、三产业的现代产业发展格局。全县农民人均 1.2 万元的可支配收入，其中茶业收入占 56%。

安溪县政府已开始在日、俄、韩、美、新、马、泰及欧盟等 20 个国家和地区延伸注册"安溪铁观音"商标，安溪铁观音开设了欧洲营销中心，在东南亚、北美等地开设了专营店。政府还组织茶企参加米兰世博会，参加马来

西亚、香港等地的专业展会,举办茶文化宣传活动……
安溪铁观音已经吹响进军世界的集结号,正阔步走向
世界!

这些事实说明,安溪已经成为全国 1000 多个产
茶县里的"带头大哥"。

一盘
波澜壮阔
的
大棋

铁观音是所有茶类中竞争最激烈的，实力企业数量很多。在安溪，除了八马，还有安溪铁观音集团、华祥苑、日春等一批发展势头强劲的企业。

八马必须要在同质化严重的竞争中拉开与对手的距离，因此，八马和泉州很多的连锁企业一样，极为重视品牌的策划和宣传。2010年，八马聘请了著名策划机构担任品牌策划，聘请了香港设计公司设计全新的品牌视觉形象。

八马茶业年轻的掌门人王文礼一直在思考更长远的问题，他要下一盘大棋。作为铁观音茶人的后代，王文礼有义务、有责任复兴茶文化，振兴茶产业，为提升铁观音茶业在全国乃至全球的品牌影响力和产业地位做出贡献，续写安溪铁观音的辉煌新篇章。

这是一盘波澜壮阔的中国茶的大棋，所以他要提前布局，以求决胜未来。

2011年3月，王文礼与蒋同第一次见面。

"安溪铁观音能有这么快的发展，根本原因是全县上下一起做产业，产业蛋糕做大了，所以每个参与者都能分到一杯羹。"

王文礼把蒋同的这句话听进了心里。

作为安溪铁观音同业公会会长的王文礼深深地体会到"大河涨水小河满"的道理。俗话说，一家做生意，两家做行业，三家做产业。茶叶也如此。八马茶业之所以能取得今天领先的行业地位，形成全国影响力，一方面是八马的努力，但前提是安溪县政府从宏观层面调整安溪铁观音的产业结构，通过扶持龙头企业，带动整个安溪铁观音产业实现了大跨步发展，让安溪铁观音

名气响遍全国，成为名副其实的中国第一茶叶公共品牌。

通过多年的努力，八马已经建成了研发—茶园基地—初、深加工—物料仓储—终端体验店—售后服务的全产业链，一方面通过抓茶农组织、茶园管理，生产出优质的产品，另外一方面通过品牌打造、市场流通，实现产品的附加值，让八马牌铁观音的品牌更响，市场份额更大。

……

高手间的对话都是简单的，这是一场简单的对话，简单得没有寒暄，没有废话。

这更是一场精彩的对话，字字珠玑，句句见血，充满着智慧的光芒！

三天后，八马深圳总部，王文礼召集公司全体高管与蒋同团队做了一次更大范围的沟通，这一回，双方聊到凌晨。

2011 年 5 月，八马携手蒋同团队，开始了双方首次为期一年的战略合作。

战略升级

世代制茶的八马茶业，对茶有着深刻理解和独立判断。放眼中外，伟大的企业无不拥有无比包容的胸怀，尽可能地整合人才、资源、资本以及一切有助于企业发展的资源。

蒋同与八马茶业掌门人王文礼，
2011 年 5 月 17 日

　　正是源自对中国茶业未来的信心，八马在战略上积极主动，抓住持续上升的行业大势，用资源换时间，获得领先优势。携手投资机构，进行战略融资，是八马整合资源的具体行动，也是八马的战略举措。

　　2013 年 5 月，八马获得四家投资机构近 1.5 亿元人民币的总投资，这是茶业行业迄今为止最大的一笔私募股权融资，也是茶业行业首笔过亿元的私募股权融资，对目前中国茶行业借助资本市场实现跨越发展具有里程碑意义。

　　八马茶业的产品从铁观音逐步扩大到全品类，线下 1000 个终端将成为国内首家向茶叶行业全面开放的专业连锁渠道，成为茶叶行业的"国美"、"苏宁"，让所有人都知道"买好茶，到八马"。其中"赛珍珠"成为铁观音茶品类的代表品牌，是有十三代传承的浓香好茶。

　　借资本之力，八马在全国各地购买优质的茶园基地，实现原料 100% 安全可控。启动电子商务和供应链战略，线下 1000 个终端的功能将由现在的卖货调整成将来的体验和物流配送，"线上 + 线下"，"实体 + 虚拟"，实现真正的 O2O。

　　2015 年 12 月 8 日，八马茶业股份有限公司在全国中小企业股份转让系统（新三板）成功挂牌，股票简称"八马茶业"，证券代码 834754，成为中国铁观音第一股。

　　战略升级后的八马，路径清晰、效率提升、发展速度加快，不仅成为铁观音第一品牌，更通过自身渠道优势向"中国好茶"升级，跻身为中国茶业

蒋同主持"赛珍珠"品牌论坛

一线品牌。

战术突破

　　不落地的战略就是纸上谈兵，真正的战略高手都是战略落地高手。在某个点上突破，再到全局范围进行示范和复制，这就是战术的价值。战略和战术，二者其实是一体的。

　　2013年受国家"八项规定"政策影响，中高端礼品茶市场发展放缓。2014年，市场形势愈加严峻，八马必须进行自我调整。

　　2014年9月，八马与蒋同团队的又一次合作开始。蒋同团队进驻山西长治，帮助八马以长治为中心，实现华北市场的业绩拉升。

　　长治，取"长治久安"之意，古称上党，地处晋冀豫三省交界。因地处战略要地，这里自古便是兵家必争之地，中国古代著名的战役秦赵长平之战就发生在此。解放战争时期，国共第一场战役上党战役也发生在此。抗日战争期间，八路军总部设在长治武乡。

　　如何实现销售业绩的逆市增长？蒋同团队进驻长治后，发现八马在长治的区域市场发展战略不清晰，组织结构比较混乱，营销能力不足，对市场并不敏感。这些已经不是单纯的营销问题，需要对长治市场来一次全面、系统地梳理后，再寻找解决方案。蒋同团队决定从实战着手，根据区域经销商自

品牌拉力不足

终端动销较弱

组织配称有待提高

组织升级，渠道突破，圈层搅动，品牌拉动

八马长治市场业绩提升十六字诀

己的资源梳理发展思路，制定组织架构，再根据长治的实际竞争情况制定针对性的解决方案，以期形成一套行之有效、可复制的体系，使长治的经验对八马有全局价值。

经2015年一年的艰苦奋战，八马长治市场完成了一次从"丑小鸭"到"白天鹅"的跨越式增长，业绩增长100%，并且带动了周边市场的增长。晋东南成为八马茶业重要的根据地市场，为八马茶业的全国化提供了示范标杆。

王文礼深知这些都是阶段性的成绩，文化才是八马持续发展的驱动力。作为一家发源自泉州的茶企，八马人秉承了泉州人"爱拼才会赢"的传统，这不仅是八马的文化基因，更是八马取得快速发展的核心驱动力。

中国的崛起和中华文化的复兴，已不用怀疑。茶作为中华文化对外输出的名片，风靡世界已为时不远。茶业具有广阔发展前景，一定会诞生出世界级品牌。

八马茶业，端正价值，坚持梦想，秉持"世界眼光、全球视野"，将安溪铁观音卖到了全中国，乃至全球。八马人不断地刷新成绩，用脚踏实地的行动，践行中华民族伟大复兴的梦想。

附

安溪铁观音，茶产业中的"茅台"

《安溪报》采访蒋同

第三届"中国茶都安溪国际茶业博览会"期间，就茶产业变迁规律、资本运作及未来产业走势等相关行业问题，本报专访了特约嘉宾——和君集团茶产业事业部总经理、战略营销及产业整合专家蒋同。

问：从专业的角度，怎样看茶行业的发展趋势？

蒋同：2000—2009 年，茶叶总产值年复合增长率为 20%，属于高增长行业。从商务部最新数据看，2011 年 11 月底，茶叶加工行业销售收入将达到 560 亿元，零售额超过 2000 亿元。而目前，我国饮茶人口为 20%，人均消费茶叶 0.33 公斤，国内饮茶人口每增加 1%，消费量增加 4 万吨；达到 50% 时，消费量则达到 200 万吨。综合国内外市场，我国茶产业有超过几万亿的巨大潜在市场，21 世纪将是茶的世纪。

虽有巨大潜在市场，但茶产业行业集中度低，属于低集中度的市场类型，属于极低垄断型的竞争性市场结构，从投资的角度讲，是有契机的，谁都有机会改变行业格局。

问：既然行业集中度低，那么未来的产业价值走向如何？

蒋同：全国 4 大产区、8000 万茶农，构成中国茶叶种植业"劳动密集通胀"和"质量效益紧缩"并存的畸形格局，形成"种茶不如卖茶"的现象，产业价值向流通环节倾斜，而这一现象，在相当长一段时间内将继续。如何流通是茶企业思考商业模式时要考虑的核心。

问：从长期看，这一现象是否会改变？

蒋同：这是肯定会的。前端种植环节的重要性将日益凸显，茶产业最有价值的是两端，整个产业将形成"微笑曲线"。

在"茶园—加工商—运营商"产业链中，随着政府惠农政策的持续深入贯彻，茶园和茶农将得到持续稳定的收益保障，加上人力成本的增加和附加值的持续减少，收益递减，运营商将持续加强品牌建设，从强大的品牌需求拉动和高附加值中受益多多。未来茶行业的"价值链—收益"中，我们将看到一道美丽的"微笑曲线"。

问：本次洽谈会主题是投融资，大资本进入茶产业将会带来什么？它的意义何在？

蒋同：资本的力量将改变茶产业的竞争格局。除上市融资，目前的中金、民生银行、深圳创投、联想控股等均突进茶行业。主要是行业规模大、增长快、利润高的基本特点，使茶业受到金融资本和产业的追捧。资本的热捧有效缓解了茶行业过去由于生产周期长、占用资金多、单纯依靠争取国家政策扶持获得银行贷款的局面，并且有效推动了互联网等创新商业形态的发展。大量资本进入正有效推动茶产业的发展。

同时，在资本的助力下，一批有深厚历史文化积淀的名优茶开始崛起。比如，安溪的八马、华祥苑、安溪铁观音集团等，正处于高营销能力阶段，已进入资本层面的全国强势阶段，或许在不久的将来，它们能与国际品牌立顿并驾齐驱。

产品经营的经营对象是茶，资本经营的经营对象是企业，茶行业格局的演变，将不可避免地出现行业外来力量及新的运作理念、模式和思维方式，其中，资本的力量和思维方式，将是其中最为主要的表现形式。

问：今天的投融资洽谈会，可以说是开大资本介入安溪茶产业的先河，你怎么看安溪茶产业未来的发展？

蒋同：安溪有深厚的茶文化底蕴，要把茶产业作为文化产业。这里不仅是铁观音之乡，还是文化之镇，更应是天人合一的养生之镇等。

此外，安溪拥有中国县域中最好的茶产业基础，主要有几十万从业者，"全民皆兵"，有优质茶园基地、政府的政策及管理经验等，还拥有一批在全国有影响力的八马、华祥苑、安溪铁观音集团、山国饮艺、中闽弘泰等实力茶企。而且，福建农林大学安溪茶学院，未来将不断提供人才，这些软硬件使安溪茶产业最有机会成为茶产业中的"茅台"，成为国际化知名品牌。就像国酒茅台产地——贵州仁怀成为中国独一无二的酒都那样，安溪将成为真正意义上的中国大茶都。

第三章

君山黄茶：小品类的

大突破

君山岛上神奇的湘妃斑竹

　　君山，洞庭湖上一个 0.96 平方公里的小岛。数千年来，岛上流传着各种极富神秘气息的传说，而茶和水是这些传说中不可或缺的两位主角。

　　相传 4000 多年前，为了平复南方三苗地区叛乱，舜帝率领 5000 精兵南下，却不幸被困于云梦泽（古洞庭湖）。娥皇、女英两位帝妃放心不下丈夫，紧随其后。当她们到达云梦泽时，一阵突如其来的狂风将湖水掀起两丈多高，眼看着两位帝妃就要被卷入巨浪。这时，湖面漂来 72 只青螺聚成山峰，把她们托起，娥皇和女英因此成功逃生。不久，就传来了舜帝战死苍梧的噩耗，二妃悲痛而亡，葬于山中，因二妃是君妃，人们便将埋葬她们的山命名为君山。二妃临死之前将随身携带的三颗茶籽播于脚下，这便是君山茶的母体。几千年过去，当年的小小茶籽已长成茂密茶树，君山岛上到处都有它们的踪迹。

　　君山银针最大的亮点莫过于它冲泡之后的独特景象。使用透明玻璃杯沏茶，可以看到茶叶在杯中一根根垂直立起，像一群破土而出的春笋，悬空上立，然后徐徐下沉，再升再沉，三起三落，蔚然成观。后唐皇帝明宗看到此景时，大为喜悦，立即下旨把君山银针定为"贡茶"，此后它便成为盛极一时的宫廷圣品。文成公主出嫁时就带了君山银针茶入西藏。

　　时光飞逝，乾隆四十六年（1781），地方每年上贡 18 斤君山银针。紫禁城里，只有乾隆身边的重臣和受宠爱的嫔妃才有资格喝上君山银针。京城里的文人雅士，也以拥有"君山贡尖"而身价倍增，受人追捧。徐珂《梦湘呓语》记载：文人墨客品茗论茶，认为茶滋味以"轻清为佳"，太浓郁不好，"故君山为贵"。由此可见，作为身份和品质的象征，君山银针一直当仁不让。

　　1956年，因为质量优良，君山银针在莱比锡国际博览会上赢得了金质奖章，并被誉为"金镶玉"，其售价也创我国当今名茶之最。1959年，君山银针荣获"中国十大名茶"称号。虽然，新中国成立之后，君山银针的产量有所突破，1978年之前基本上年产量在100斤左右，但是君山银针在全国茶叶市场上的份额，依然非常稀少，普通的老百姓也基本上很难消费得起君山银针。很长时间内，君山银针都是作为中央政府招待各国元首、使节时的用茶。

黄改绿

　　中国茶叶品种繁多，根据茶制作过程中茶多酚的氧化聚合程度由弱至强而将茶叶归纳为六大类，即绿茶、黄茶、白茶、青茶、黑茶和红茶。其中，绿茶的普及度最高，而黄茶的普及度最低，全国仅有湖南、安徽、四川、浙江极少几个区域生产。黄茶品类除君山银针外，还有蒙顶黄芽、霍山黄芽、沩山毛尖、平阳黄汤等。

　　黄茶的品质特点是"黄叶黄汤"，它属轻发酵茶类，加工工艺近似绿茶，只是在干燥过程的前或后，增加一道"焖黄"的工艺，促使其多酚、叶绿素等物质部分氧化。"焖黄"是形成黄茶特点的关键，主要做法是将杀青和揉捻后的茶叶用纸包好，或堆积后以湿布盖之，时间在几十分钟或几个小时，促使茶坯在水热作用下进行非酶性的自动氧化，形成黄色。

　　也许生产君山银针的企业习惯了受追捧，认为凭借君山银针独特的味道和优美的外形，完全可以在中国名茶排行中牢牢地占据一席之地，但时代在不断地发展和进步，当年凭借"俊美外观"成就名气的君山银针，在如今"以量论英雄"的产业化时代，受制于有限的产量，已经无法保住市场的优势地位了。消费者甚至认为君山银针是绿茶，而非黄茶。

　　来自民间的调查显示，即使是在北京马连道这样拥有上千家店铺的传统茶叶交易市场，也很难再寻黄茶踪影了。店主不愿对外销售黄茶的普遍原因是黄茶鲜有消费者问津，而且生产黄茶的地方也少了，即使进货也不知道从哪里去进。

　　与此同时，素有"黄茶之冠"美名的君山银针，正经历着是坚守"黄针"

2012年"中国黄茶产业发展论坛"上，蒋同说，六大茶类是自然的馈赠，更是人类利用自然的历史杰作。每一类茶的工艺都是极其复杂的生物工程，是科学，更是艺术。六大茶类的和谐发展，是尊重自然万物和谐共生规律的体现，更是中国茶产业走向成熟的标志之一。

品质还是继续做"绿针"的艰难抉择。与绿针相比，君山银针作为黄针，成本一直高昂。0.96平方公里的君山岛，每年的茶叶产量十分有限，再加上72小时8道传统工艺的严格要求，决定了黄针在市场上的竞争力不强。而且，绿茶在中国消费市场一直是明星产品，有工艺简单、规模生产、品牌名气大等特点，这让很多的企业在进行产品的市场定位时，从做黄茶转为了做绿茶。在5年的经营之后，君山银针的绿茶系列陆续上市时，它们在市面上掩盖了君山银针曾经的"黄茶"光芒……

回归黄茶，做大品类

1959 年举行的"中国十大名茶"评定，是官方唯一举行过的名茶评比。50 多年过去，十大名茶命运多舛，仅安溪铁观音一枝独秀，产业三大要素——品类、企业、产品均衡发展。以普洱茶、安化黑茶为代表的，十大名茶之外的茶更是风生水起。

由此可见，文化确实是一把双刃剑，中国茶产业厚重辉煌的历史文化在一定程度上制约了茶产业的发展，有可能成为整个行业因循守旧、裹足不前的枷锁。

湖南省君山银针茶业有限公司是由湖南省茶业集团股份有限公司和湖南省岳阳市供销合作社、君山公园等单位共同出资组建的企业，旗下"君山"牌为中国驰名商标。"君山银针"是中国十大名茶当中唯一一个非公共品牌，由一家企业全权运营。

回归黄茶，做大品类！蒋同的想法与湘茶集团有限公司董事长周重旺先生及时任君山银针茶业有限公司（湘茶集团下属企业）总经理的王准不谋而合，于是双方启动了长达三年的战略合作。

2012 年 8 月，在君山公司的全国经销商大会上，蒋同对君山的经销商说："普洱、铁观音、黑茶当年都不是大茶类，大红袍、金骏眉这么好的品类，却没有诞生一家规模企业，这是为什么？重要的不是机会，而是能力！"

每年的公司表彰大会，周重旺董事长一定会参加，他说他最开心的
就是看到员工的成长。左三为周重旺（湘茶集团董事长），左二为
黎明星（湘茶集团总经理），左一为蒋同。

岳阳市黄茶产业发展动员大会

重要的不是机会，
而是能力！

1959 年的全国"十大名茶"评比会，评定了西湖龙井、洞庭碧螺春、黄山毛峰、君山银针、庐山云雾、六安瓜片、信阳毛尖、武夷岩茶、安溪铁观音、祁门红茶为中国十大名茶。

五十余年过去，十大名茶命运多舛，仅留安溪铁观音一枝独秀，九大"名茶"命运为何如此？一切问题回到原点，品类的地位在于市场占有率，市场占有率在于品类中的代表品牌。黑茶有"大益"、"下关"、"白沙溪"等企业；铁观音有"八马"、"安铁集团（凤山）"、"华祥苑"、"日春"等企业。而绿茶、红茶、白茶虽然有全国影响力但均缺少有全国影响力的品牌，黄茶、岩茶这些小品类更是如此。

蒋同团队认为，小品类更有利于资源的集中，更有利于产业的聚焦，只要操作得当，完全可以孕育出产业旗舰型企业，从而快速带动周边产业及行业的发展。

事实是最好的证明。市场对君山茶业新推出的"黄金砖"、"黄金饼"等黄茶系列产品，普遍欣赏并持乐观的态度，2011 年生产的君山银针"黄金饼"很快销售一空。君山银针回归黄茶，不仅是对传统文化的继承，出于对茶叶种类的多元化考虑，也符合这些年中国茶叶市场发展的一种惯性表现，越是稀少的茶叶，越有可能引起稀缺效应，越能掀起市场的价格洗牌，像前些年的天价普洱、千金黑茶的发展，莫不是如此。

因此，君山银针一边推出系列创新产品，一边编织了一张巨大的营销网络。

在岳阳市场，君山茶业以绝对领先的地位占据领头羊位置，随处可见君山茶业或君山黄茶的门店。在长沙，君山茶业有近百家自营店、加盟店。在省内其他区域，君山茶业的门店已经延伸到株洲、湘潭、常德、邵阳、怀化、永州等地。商超系统内君山茶业也稳居省内冠军宝座，家乐福、沃尔玛、家润多、新一佳、卜蜂莲花、平和堂、王府井、友谊阿波罗、步步高、华润万家等大型百货卖场都可见君山产品。

在全国扩张方面，君山茶业稳打稳扎。从 2013 年开始，公司集中精力打造以北京为中心的"京津冀样板市场"，本着对客户负责的态度，积累系统化开发外埠市场的经验。北京市场，与经销商全面布局高端酒店与百货卖场渠道；天津市场，与以中国商业零售三强之一的天津一商集团为代表的大型商贸公司达成经销合作。

与此同时，君山茶业开始对地方特色茶类进行布局，以弥补品类单一的缺陷。2013 年，公司与保靖县茶叶办共同出资，成立湖南保靖武陵黄金茶开发有限公司，"君保"牌保靖黄金茶产品已经进入全国市场。

2013 年春茶上市期间，君山茶业旗下君山银针产品整体"绿改黄"，从此市面上君山银针产品均为黄茶，再无绿茶。绿改黄后，君山银针销量超过了君山黄茶紧压茶产品，高端产品不降反升，产品利润比往年有更大的提升。从 2010 年开始推广黄茶到 2013 年，君山茶业的销量 3 年翻了 5 倍，占据了黄茶市场 70% 的份额。

做大企业，更要做大产业

与绿茶、红茶、乌龙茶的大名相比，"黄茶的声音太小了"。君山茶业总经理王准表示，要把祖辈留下的黄茶财产延续下去，必须寻求黄茶更多的发声，"你可以没尝过君山银针，但是必须喝过一次黄茶。"王准认为，让更多人了解黄茶，才是中国黄茶走向产业化、走向品牌化的发展前提。

2012年10月27日，君山茶业与和君咨询发起，湖南岳阳、四川雅安、安徽霍山三地政府邀请行业组织、专家以及资本机构举行中国黄茶产业发展论坛，国内黄茶"前三甲"君山银针、蒙顶黄芽、霍山黄芽共同携手发布了《中国黄茶产业联盟北京宣言》，明确以中国黄茶产业发展联席会议为纽带，组织与协调中国黄茶产业发展。这标志着中国黄茶产业联盟正式成立。

会上，黄茶主产区湖南省岳阳市人民政府副市长宋爱华做"黄茶文化探源与君山银针传统技艺揭秘"的主题发言，四川省雅安市副市长徐旭做"千年贡茶再现辉煌"的主题发言，安徽省霍山县副县长刘军介绍了"霍山黄芽的历史与文化"，和君咨询茶产业事业部总经理蒋同做了"黄茶产业价值分析研究"的主题发言。

岳阳市政府发布黄茶产业"51111战略规划"，在5年内投入10亿元，大力支持以君山茶业为代表的黄茶龙头企业，将全市茶园面积发展到100万亩，实现年产黄茶10万吨、黄茶综合年产值100亿元。

2012年初，岳阳市政协一号提案"实施四个战略，打响'黄茶之乡'品牌"也曾在全市范围内取得了巨大反响，它进一步确立了岳阳实施"全国战略、联合战略、文化战略、地域战略"，把岳阳打造成全国黄茶交易、黄茶加工以及科研中心的思路。由此，黄茶产业上升到岳阳经济发展的战略统筹高度，岳阳市将集中资源打造"一湖（洞庭湖）、一楼（岳阳楼）、一岛（君山岛）、一村（张谷英村）、一茶（黄茶）"五张城市名片。

作为拥有"君山银针"核心资源的君山茶业以此为契机，大力建设长江中下游环洞庭湖黄茶产业带基地，以入股的形式，与华容县胜峰茶叶专业合作社、华容县桃花山茶叶专业合作社等多个优质合作社组织形成紧密的产销关系，已经形成 10 万亩规模的君山银针黄茶生态茶园基地，形成了具备良好农业生态内涵的黄茶产区。

通过一系列举措，君山茶业在岳阳以君山区、君山岛为核心，建立了华容县、岳阳县等 10 个黄茶产业基地，建成了面积达 20 万亩的黄茶生态茶园基地，推广茶树良种和先进栽培技术。君山茶业严格控制产品品质，带动农民持续增收致富，实现先有茶场后有市场的黄茶产业良性发展局面。

茶业的根是在农业上，任何有关茶业的外在表达形式都离不开产区这块神秘的土地。岳阳市的黄茶产业梦想更表现在，产地政府与龙头企业联手构建可以内生循环的黄茶产业链条。

2013 年，君山银针黄茶产业园在岳阳洞庭湖畔落成，总投资 1.58 亿元，占地面积 100 余亩。君山银针黄茶产业园不再是传统意义上的工业园区，而是一个开放式的，融茶叶生产、科研、教育培训、茶文化传播、茶产品售卖、茶产业旅游和休闲相结合的综合性产业基地，可联结带动岳阳市及周边 5 万户茶农年户均增收。君山银针黄茶产业园项目实现内生循环的关键在于与旅游产业结合，相互促进，推进岳阳市"一湖、一楼、一岛、一村、一茶"的旅游发展新格局。

产业园由企业投资建设，政府对周边配套进行统一的规划建设，并对国家 5A 级景区——君山公园的入口进行重新修建，在进入公园的现有道路基础上新增洞庭湖湿地观鸟走廊，在产业园对面建设君山公园游客服务中心，改造产业园一线的洞庭湖和濠河的景观，打造休闲旅游产业风光带。

2013 年 7 月 8 日，君山茶业提出的打造环洞庭湖黄茶产业带的规划也正式进入湖南省人民政府颁发的"湖南省人民政府关于全面推进茶叶产业提质升级的意见"文件当中。2013 年 10 月，第九届中国茶叶经济年会在岳阳召开，岳阳荣获"中国黄茶之乡"的称号。今天的岳阳涌现出君山茶业、洞庭山、永巨等一批龙头企业，上百家黄茶企业，几千家商户，带动了几十万茶农致富，整个产业呈现出蓬勃发展的势头。

特此确认

甲方名称（盖章）：

客户评价：

君山银针自和君咨询进入以来，从组织、战略、营销三方面进行辅导、咨询，给我司提出了明确的建议，收获得很多，受益良多，我们有理由相信，君山银针一定会快速腾飞。

在此，我代表公司全体和君的同事们表示衷心的感谢！希望继续支持君山银针，做好君山银针的参谋。

1.21

跃华茶业
蒙 顶 山 制 茶 世 家

第四章

跃华：蒙顶山制茶世
家的品牌之道

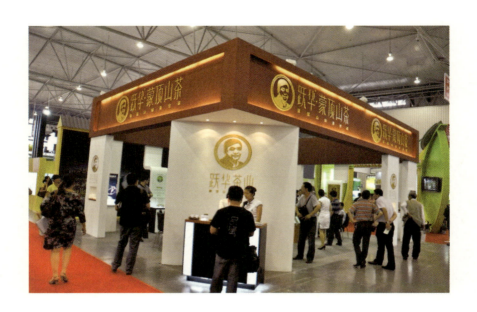

全国劳动模范、制茶大师张跃华

蒙山：仙茶故乡

2012 年 4 月，首届四川茶博会上，跃华茶业集团以"蒙顶山制茶世家"的全新品牌形象精彩亮相，受到了消费者超乎寻常的欢迎。在此之前，跃华茶业携手和君蒋同团队，追求营销的战略性、系统性、长期性，打破了蒙顶山茶"好原料，无品牌"的怪现象。跃华茶业是蒙顶山茶界唯一的全国劳模张跃华先生创办，张家世代茶农，掌握正宗蒙顶山茶制作工艺，是蒙顶山也是四川茶业的荣耀。

蒙顶山，又叫蒙山，为青藏高原到川西平原的过渡地带，位于号称"天漏"的雅安市雨城区和名山区之间，最高峰上清峰，海拔 1456 米。蒙顶山因"雨雾蒙沫"而得名，这里因常年雨量达 2000 毫米以上，古称"西蜀漏天"。

蒙顶山是世界茶文明的发祥地，世界茶文化的发源地，是我国历史上有文字记载人工种植茶叶最早的地方。现存世界上最早的关于茶业的记载，王褒的《僮约》，和吴理真在蒙山种植茶树的传说，可以证明四川蒙顶山是茶树种植和茶叶制造的起源地。

由于蒙顶山的海拔高度、土壤、气候等最适合茶叶的生长，因此早在两千多年前的西汉时期，蒙顶山茶祖师吴理真就开始在蒙顶山驯化、栽种野生茶树，开始了人工种茶的历史。

千年贡茶，意重蒙顶。唐代《元和郡县志》载："蒙山在县南十里，今每岁贡茶，为蜀之最。"宋代《宣和北苑贡茶录》，记载着当年蒙顶山进贡的两种名茶"万春银叶"和"玉叶长春"。清代《陇蜀余闻》记载："每茶时，叶生，智矩寺僧辄报有司往视，籍记其叶之多少，采制才得数钱许。明时贡京师仅一钱有奇。"蒙顶贡茶从唐至清，一千多年里岁岁入官，年年进

　　"扬子江中水,蒙山顶上茶。"蒙顶甘露,中国最古老的名茶,被尊为"茶中故旧,名茶先驱"。甘露在梵语中是"念祖"之意。

贡，以供皇室"清明会"祭天祀祖之用。这种专用茶采自茶祖吴理真种下的七株仙茶。到清代时，蒙顶五峰被辟为禁地，七株仙茶被石栏围起来，辟为"皇茶园"，至今留存。

在民间，蒙山茶历来被看作祛疾去病的神来之物，因此，历史悠久的蒙顶茶被称为"仙茶"，蒙顶山被誉为"仙茶故乡"。

蒙顶茶的声名远扬，是历代文人墨客吟诵的对象。

在我国，赞茶的名联佳句首推以民谚方式流传甚广的"扬子江心水，蒙山顶上茶"。这是中国最有名的一对茶联，这副对联说的正是蒙顶山的"仙茶"。

唐代大诗人白居易《琴茶》诗有"琴里知闻惟渌水，茶中故旧是蒙山"的吟唱。唐宋大家孟郊、韦处厚、欧阳修、陆游、梅尧臣等，都留下不少以蒙山茶为题的诗文。明清时代的诗文、题词则更为丰富。当代诗人、文学艺术家也留下了许多吟诵蒙山茶的华章佳句。当代诗人、书法家、文学评论家王心鉴在《蒙山行》一诗中写道："踏雪蒙山去，石径入茶畦。云深无俗迹，泉壑有禅机。灵茗倚古寺，仙竹傍天梯。此间尘嚣远，不欲思归期。"

悠久的茶史形成了独具特色的蒙山茶文化。

川茶的竞争格局

　　四川作为"天府之国"，素以地产丰富而享誉华夏。四川已经成为我国的绿茶地标。随着川茶企业近年来的强势扩张，消费者对于川茶品质以及文化的感知越来越明显。四川出茶、四川出好茶的印象渐渐深入消费者的心智当中。川茶口感独特，形态美观，有"甘露"、"雀舌"、"峨眉雪芽"、"竹叶青"等名茶。

　　峨眉雪芽、竹叶青暂时身处川茶第一集团，但并未在"认知"和"市场"两个领域成为真正的第一集团。仙芝竹尖、叙府、花秋、蜀涛、龙都等属于川茶第二集团，已经有了一定基础，但战略不清，策略不明，因此坐失多次产业机遇。跃华、友谊、味独珍、大富、皇茗园、醒世等属于川茶第三集团，其领导者未脱离小农意识，企业的生产、销售都处于半商品化、半市场化的程度。

跃华的品牌之道

消费者认知：消费者认可蒙顶山茶叶品质好，但是企业都没有品牌，都是以散茶走向全国市场，没有一家叫得响的企业成为蒙顶山茶第一品牌。

竞争格局：虽然中国有几百家茶企，但是蒙顶山的茶企尚没有觉醒，整个产业呈现"小、散、乱、弱"的局面，竞争成本相对较小。

全国化潜力：蒙顶山茶在全省乃至全国均有一定的知名度，靠蒙顶山茶第一品牌背书，有利于向全省乃至全国扩张，使市场效益最大化。

跃华的困惑

目前只能在茶业大市场传统分销渠道做中低端市场；大量的商政资源无法利用起来从而产生高利润；跃华无可争议的品质并没有得到应有的高回报；散茶多，品牌茶很少，销售业绩大，但利润低；靠卖毛茶给外地，跃华品牌的建立遥遥无期。

蒋同团队帮助跃华进行战略升级

认清跃华属于蒙顶山茶品类一员；抓住品类内还没有企业做强做大的历史机遇，迅速做大做强；在现有的品类内寻找合适的企业进行收购整合，完成蒙顶山茶品类集中度的提升。

现有中低端散装茶在短时期内继续生产，维持现金流；开发"黄芽"、"甘露"、"红鼎"一系列精装茶，与原有产品体系分开运作；定位于"蒙顶制茶世家"，成为蒙顶山茶文化的传承代表；网罗高端意见领袖，获取超高利润，反哺上游茶农。根据行业发展特征，跃华未来必须定位中高端、升级形象、建立根据地、借船出海、步步为赢，最终实现战略的华丽转身。

在蒋同团队的帮助下，跃华茶业先进行战略升级的第一步：提升品牌。

2009 年，跃华茶业经过苦心探索提出了"回归本源"的品牌理念，向爱茶人传递"见茶还是茶"的品牌思考。为了配合这个理念，从那时起，跃华茶业在门店装修、产品包装等方面，一律以浅色调为主，力求"回归本源"。2012 年，蒋同团队重新审视蒙顶山茶产业大势时发现，"回归本源"虽然有其深刻的内涵，但实践证明，由于文字表述"深奥"，导致沟通成本高，消费者难以理解，需要企业二次解读。根据传播学理论，"简单、通俗、易于理解"是基本的传播原则，放眼四川茶产业大环境，"回归本源"定位需要全面提升。有哪些提升之道呢？依据茶产业本质，跃华茶业必须在历史时间（故事、荣誉）和空间个性（核心源产地、地道工艺）上狠下功夫。

蒙顶山制茶世家：做一个踏踏实实的制茶人

细看茶界风云变幻，中国茶背后是什么？是文化。文化卖的是什么？是时空。历史时间的支撑点是故事和荣誉，是消费者的心理和文化情结；空间个性的支撑点是核心源产地、地道工艺，是消费者的生理体验和工艺认知；跃华在近 20 年发展历程中，其地道工艺代表着蒙顶山茶的标准（色、香、味、形、包装、价格），代表着蒙顶山茶最好的品质和信得过的承诺。因此，跃华茶业将从故事、荣誉、核心原产地、地道工艺四个维度全面提升品牌，其中特别突出了"地道工艺"成就"蒙顶山制茶世家"。跃华的发展已经有了牢固的根基。

故事

公元前 53 年，吴理真在蒙顶山种下七株茶树，首开世界人工种茶之先河。由此而产生的蒙顶山茶文化，是全人类共有的文明遗产。蒙顶山茶在唐天宝元年 (742) 就被列为贡品，历经宋、元、明、清，入贡皇室 1200 年，被誉为"天

蒋同团队与跃华团
队交流。左三为制
茶大师张跃华。

下第一茶"。毛泽东主席在品尝到由跃华茶业集团成员徐氏制作的蒙顶山名
茶后说："蒙山茶要发展，要与广大群众见面，要和国际朋友见面。"昔日
皇室茶，今入寻常百姓家。1959年，蒙顶山茶被评为全国十大名茶之一。创
业伊始，董事长张跃华与夫人白天在田间劳作，晚上背着幼子，点着煤油灯
开荒种茶。天道酬勤，张跃华一直都得到张氏前辈老茶人的教授、指点，20
多年勤勤恳恳，不断打拼，继承了蒙顶山制茶技艺。

荣誉

　　张氏家族世代居住在茶马古道起点，名山县蒙顶山南麓，以种茶制茶为业。
作为张氏后人的张跃华传承祖艺，恪守"万事诚为本，手艺莫欺心"的祖训，
诚实经营，千锤百炼做好茶，"跃华"字号美名扬。张跃华凭借精湛的蒙顶
山制茶技艺、诚实守信的经营理念、造福一方的质朴情怀，当选2010年"全
国劳动模范"，为四川茶界赢得了荣誉。其创办的跃华茶业入围2011年"全
国茶叶行业百强"，成为省级农业产业化经营重点龙头企业。此外，张跃华
还先后荣获"雅安市优秀乡土人才"、"2007雅安茶业之星年度人物"、"农
业产业化贡献之星"、"先进工作者"、"雅安市十大创新型先进人物"、"四
川省茶祖杰出传人"等称号。"跃华"产品获得多项国家、国际大奖，连续

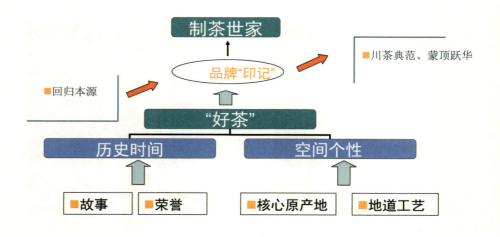

五年作为四川省外事专用茶，赠给世界数十个国家领导人和贵宾。一直以来，"跃华"品牌深受市场信赖，是四川茶业的一块金字招牌。

核心原产地

蒙顶山是我国历史上有文字记载的人工种茶最早的地方，是茶的发源地、世界茶文化圣山。蒙顶山古名蒙山，坐落在四川盆地边缘的雅安市名山县境内，是蜀中一大名胜，与著名的峨眉山、青城山，并称四川的"三大历史文化名山"。它久负盛名，因夏禹足迹所至而有"禹贡蒙山"之称。而"蒙顶山茶"自唐始作为贡茶便闻名遐迩，"扬子江中水，蒙顶山上茶"的绝句吟唱千年。跃华茶业始终把"质量求生存，品牌谋发展"作为公司的核心宗旨，把产品质量放在首位。2012年5月，跃华茶业作为四川省首家较完整运用四川省绿色食品质量追溯体系的茶业企业，利用标签追溯二维码，消费者通过短信或网络可查询到包括产品基本信息、产地环境、生产记录、质量检测、物流记录等详细的产品信息，化解了消费者对食品安全的担忧，让消费者买得明白、喝得放心。

地道工艺

"三炒三揉三烘焙"是对经验与灵感的最佳演绎。跃华蒙顶山茶历经了几代人的传承与不断探索，精益求精，传承创新。其生产的系列产品均采用跃华茶业绿色食品生态茶园的优质蒙顶山茶为原料，严格执行"蒙山茶国家标准"。跃华茶业成熟的"三炒三揉三烘焙"制作工艺，确保跃华蒙顶山茶质量的长期稳定。跃华产品获得了国家质检总局批准的"蒙山茶原产地域保护"专用标志和国家绿色食品认证。完美蒙顶山茶口感更是跃华制茶技师历经千万次品茶记忆所凝聚的深湛理解，是制茶技师经验和灵感的最佳诠释。经典好茶的内涵，三分天赐，七分人工。值得一提的是，2010 年 1 月 17 日，雅安跃华黄茶研究所正式挂牌成立，标志着四川省首个以研究蒙顶山黄茶为对象的专业研究机构成立，这对跃华茶业的发展来说是一个里程碑。跃华黄茶研究所是全国唯一的黄茶研究机构。

当然，冰冻三尺非一日之寒。跃华茶业重新确立了"蒙顶山制茶世家"的品牌定位，力求实现跃华茶业品牌的华丽提升。战略升级第一步"品牌提升"完成后，跃华茶业着手进行"营销提升"和"组织提升"。在蒋同团队帮助下，系统的营销正在紧密锣鼓地进行。

附

改变雅安茶产业发展格局关键在人

《雅安日报》采访蒋同

　　2011年12月25日，借着四川农业大学"吴觉农茶学奖学金"颁发的机会，著名战略营销及产业整合专家、和君咨询茶产业事业部总经理蒋同再一次来到了雨雾蒙蒙的雅安。

　　2010年，蒋同因茶与雅安结缘。此后，蒋同团队与雅安市友谊茶叶有限公司和四川蒙顶山跃华茶业集团有限公司达成合作，协助这两家茶企进行营销策划和品牌升级。

　　如今，在蒋同团队的协助下，这两家茶企有了明显的进步和发展。但纵观雅安整个茶产业发展情况，蒋同仍然觉得：格局不够高，没有完全把资源优势转化为资本优势。而要解决这些问题，关键还在于人才。

　　在交流的过程中，蒋同风趣地把自己所做的工作比作"医生"。

　　"与一般的医生不同，我们是为企业和政府提供商业层面的'诊疗'，为他们提供咨询服务。"蒋同说，和君咨询其实就是一个为茶企出谋划策的智囊团，一是帮助茶企提升它的业绩，二是加速管理效益的提高。

　　蒋同举例说，和君咨询根据友谊茶叶的自身发展特点，帮助其制定了三年的营销战略规划，使它迅速在西藏、九寨沟等地占领了相当一部分旅游市场，销售业绩得到明显提升，其品牌知名度也随之提高。

　　而跃华茶业，经过品牌升级和组织建设，新的品牌形象更加容易被理解和接受，这就解决了与消费者的沟通问题，为营销做好了铺垫，再依靠持续的组织建设进行系统的营销，迅速提升业绩。

　　"但总体说来，取得这些成绩，在于人才在其中的推动作用。"蒋同说，再好的方案，如果没有人去执行，一切都是"浮云"。

"一流人才涌入的产业一定是一流的产业，一流人才涌入的企业一定是一流的企业"是个不争的真理。面对雅安茶产业发展所遇到的瓶颈，蒋同把关键人物的出现看作改变这一格局的核心。

蒋同说，这个关键人物就是促进整个茶产业发展的灵魂人物，他可以是领导，可以是企业家，也可以是协会领头人；他可以是雅安本地人，也可以是外地人。但有一点，这个人必须具备很强的统筹能力，立意要高，要有高瞻远瞩的发展眼光。

蒋同特别强调，对企业来讲，一定要着重培养商业人才。不管是雅安茶企的员工还是整个中国茶企的员工，很大一部分都是从茶园、茶厂走出来的，就技术层面来说，他们算得上是专家，但现代化的商业运营却是他们的短板。

在蒋同看来，雅安悠久的茶文化历史、得天独厚的种茶环境，为雅安发展茶产业准备了丰厚的资源，而怎样把如此丰厚的资源转化为资本优势，改变目前的产业格局，促进产业的延伸发展才是关键，才是"人"应该考虑和必须考虑的问题。

第五章

川红：酒城宜宾的又一张名片

宜宾，金沙江、岷江在此汇成长江。这里不仅产好酒，也产好茶。

行业内称无畅销产品、无渠道、无品牌影响力的企业为"三无企业"。

2009年前的林湖茶业（后为川红集团）正是如此。林湖茶业，地处四川宜宾高县，过去是三线企业中核的内部小茶厂，在蜀南大山深处自成一个世界，每年生产的茶叶都是作为内部劳保茶，外部市场的业绩少得可怜。即使在宜宾范围内，林湖也并不出色，与宜宾本地的叙府、早白尖、鹿鸣、醒世等相比，林湖甚至连一家自己的门店都没有，更谈不上其他的渠道，所有的销售也仅仅是依靠中核（中国核工业集团公司）系统内部消化。

四川宜宾是中国的"早茶之乡"，中国名优茶产出地之一，"僰道出香茗，悠悠三千载"。僰道宜宾依凭得天独厚的金沙江河谷以及低纬度优势，其气候温热湿润，茶树萌芽早，比同纬度的浙江、安徽、湖北等茶叶主产区春茶上市早20至30天，比省内川东、川西、川北早上市10至15天，比福建春茶也要早7天左右，乃名副其实的早茶产区。

2008年，中核响应国家号召，内部三产改制，林湖得以改制。但那时，林湖也仅在高县和宜宾各开了一家终端门店。林湖也想请高水平的外脑，但因为支付能力有限，只能聘请成都一家专业能力有限的广告公司设计包装，开始挖掘市场，但是发展极其有限。

林湖的当家人陈岗很清醒地认识到公司内部能力的不足，希望能借助外脑。他遍访了北上广深四地的著名咨询机构后，考虑到综合实力和对茶行业的理解程度，决定寻求与和君咨询蒋同团队合作。

2009年6月，蒋同团队进驻林湖，开始了与林湖长达四年的合作。

那时的蒋同团队好年轻

首先，蒋同团队帮助林湖展开了系统的营销，分三步走：

第一步：产品聚焦，围绕产品定位展开资源配衬

2009 年的林湖茶业产品线很长，红茶、绿茶、花茶都做，导致资源分散，不能形成合力。

紧锣密鼓的全国调研之后，蒋同团队给出结论：林湖必须聚焦红茶。从竞争考量，宜宾的绿茶老大是叙府茶业，它是国家级农业龙头企业，实力强劲。本省则是竹叶青和峨眉雪芽二强。

定位就意味着舍弃，绿茶占据了林湖 80% 的业绩份额。茶叶的本质是地理和文化，中国的十大名茶都是地理和文化的产物，每个地区都形成了特定的消费习惯，尤其是绿茶，区域特征尤其明显。相比之下，红茶却可以跨越地域。

宜宾筠连、高县是川红工夫的正宗原产地。川红、滇红和祁门红茶、英红、正山小种一样是名优工夫红茶。川红的主产区在宜宾的筠连县和高县，由于历史原因，20 世纪 90 年代后，川红衰落。

林湖茶厂所在地宜宾高县，地处东经 104º 3′，北纬 28º 26′ 的中亚热带，每年三月初气温便升至 25℃以上，且阳光充足，该现象为整个中国红茶产区

少有，为优质红茶的诞生提供了天然而唯一的稀缺资源。

确定红茶作为战略性发展方向之后，林湖迅速展开企业内部的资源配衬。

聘请四川农业大学茶学专家作为技术顾问，引入茶学科班毕业生作为林湖的技术人员。

改造目前的生产基地，新建红茶生产基地 15000 平方米的生产厂房两座。

引入 4 条现代化、清洁化茶叶生产流水线，并建立了川南片区最先进的茶叶检测室。

第二步：品牌先行，抢占消费者心智资源

茶是一个竞争极其激烈的红海行业。对于这样的行业来说，渠道的健全并不能帮助企业取胜，营销的核心是如何在消费者心智中占领地位。进入消费者心智至关重要而又往往被企业忽视，大量的产品从工厂生产出来，进入了市场，却无法进入消费者心智，最终导致失败。

心智的实质是品类之争，不了解心智的特征，品牌的作用就容易被无限夸大。宝马与奔驰的竞争，实质是窄小灵活的驾驶机器与宽大气派的乘坐机器之间的竞争；百事可乐与可口可乐的竞争，实质是经典可乐与新一代可乐之间的竞争；茅台与五粮液的竞争，实质是传统酱香型高档白酒与现代浓香

型高档白酒之间的竞争。跳出品牌的思维限制，从品类的角度，可以更好地把握茶业竞争的关键。

林湖的品类是川红工夫，那么，林湖的消费者心智在哪里？林湖优势为现代化的制茶工艺，川红是我国著名的工夫红茶之一，四川茶楼以茶艺著称，再结合消费者对茶叶品质的要求，林湖确定了"卓越工艺，地道好茶"的定位，让林湖以一个实实在在的、注重品质的诚信的茶叶品牌形象出现在世人面前。实际上，林湖企业本身就是一个地道企业，深受当地人喜爱。

"卓越工艺"，揭示了茶叶的本质——品质好（口感好、健康等），源于茶叶的种植、加工、包装等工艺过程，"工艺"对茶叶阐述更深刻。茶叶的生产过程是一种艺术行为，艺术、人文源于工艺 。"地道"——技能、工作或材料的质量够标准，也指合乎一定的道德规范，达到林湖茶业在品质和道德上的双重标准。"工艺、好茶"让消费者感觉到林湖品牌能解决实际功能性的需求，"卓越、地道"和消费者产生情感共鸣。

林湖的全产业链路线保证其产品拥有卓越的品质，在多个行业评比中屡获殊荣，现在，林湖的茶叶以其卓越的品质源源不断地销往欧盟。在 2009 年成都国际茶叶大会上，林湖红茶更是受到与会的联合国国际茶业委员会主席 Mike Buston 先生的高度赞誉，这也是中国茶企得到的世界礼遇！

第三步：创新商业模式，业绩快速突破

万事俱备，林湖接下来要解决的是产品分销问题。和君的深度分销模式帮助过众多的企业获得成功，但是对于林湖来说，深度分销却无能为力。和中国诸多的茶企一样，林湖极缺专业化的营销人员，而深度分销的核心是围绕渠道展开其他营销元素的配置，没有人就不可能有渠道关系的深入。但是作为企业，要面对现实，不可能在所有的条件都具备后再去冲锋陷阵，机会不等人。高明的战略可以容忍战术的平庸，无论抓到怎样的牌，总有一种最好的打法。有没有一种最适合林湖的分销模式？答案是肯定的，这便是帮助林湖实现业绩快速突破的三级信任模式。

中国茶业到目前为止，没有一家企业能解决消费者沟通问题，这就是中

国茶企无法做大规模的本质原因，而林湖的三级信任就很好地解决了这一根本的问题，所以林湖的销售业绩在极短的时间内迅速上涨。何谓三级信任？就是根据认知、认同、认购的消费者心理，设计三个级别的信任平台，让消费者通过信任平台对林湖茶业逐步了解，最终购买。三级信任，层层推进，充分地向消费者展示林湖的魅力和实力，完美地完成消费者沟通。

效果是显著的，后起之秀林湖以其高效强劲的销售网络、蒸蒸日上的品牌势头、咄咄逼人的竞争位势和一路高歌的市场表现，为中国茶业呈现了一个全新的样本。林湖销售业绩的增长速度让林湖自己的人都目瞪口呆，认为是创造了"神奇"。根据地市场遥遥领先，销售模式复制到省内其他城市，四川茶叶形成"一绿（竹叶青）一红（川红）"的新格局。董事长陈岗成为业内关注人物，2010年9月，他作为嘉宾应邀出席"世界（北京）茶业发展论坛"。

陈岗动情地说："这都要感谢和君咨询蒋同团队，没有蒋同团队，就没有林湖的今天。"

中国的工夫红茶历史有 400 余年，1610 年荷兰商人最先将中国红茶作为东方珍品运销欧洲，由上流社会贵族享用，很快中国茶风靡欧洲，至清代时中国红茶成为东西方之间最大宗的贸易品，是欧洲"下午茶"的必备茶类。18 世纪 80 年代起，中国工夫红茶垄断国际市场将近 70 年。

"川红工夫"与"祁红"、"滇红"、"英红"、"正山小种"一样，都是传统的名优工夫红茶。早在 50 年代，"川红工夫"刚在国际市场面市便享有美誉，还获得多项国际奖项，其品质一直受到国际、国内的好评，可以说一直是"墙内开花墙外香"。1985 年，宜宾茶厂"早白尖工夫红茶"在葡萄牙首都里斯本举办的第 24 届世界优质食品评选会上荣获了金质奖章，这是"川红"发展的巅峰时刻和得到的国际礼赞。我国著名茶叶专家吕允福先生曾赞誉"宜宾是川红之乡"。

然而，20 世纪 90 年代，由于前苏联和东欧国际市场变化等原因，"川红"受到了重挫，在国内外市场上已基本见不到"川红"的身影，"川红"名存实亡。

国营宜宾茶厂，始建于 1952 年，是国家边销茶定点生产企业，世界著名工夫红茶"川红"生产企业，生产的"早白尖工夫红茶"在 1985 年葡萄牙首都里斯本举办的第 24 届世界优质食品评选会上荣获了金质奖章。公司生产的红茶产品获得国家"绿色食品"、"世界茶叶博览会金奖"等荣誉，宜宾茶厂拥有优秀的技术人员，独创低氟边销茶物理工艺。和国内其他的国营茶厂一样，从计划经济进入市场经济后，企业陷入困境，最终被改制为宜宾金叶外贸茶业。

基于共同事业目标，两家企业在和君蒋同团队的帮助下，重组成立"川红集团"。2010年12月25日上午，宜宾川红茶叶集团成立典礼暨挂牌仪式在宜宾酒都饭店举行。新的集团公司董事长由孙洪担任，陈岗担任总经理，蒋同担任独立董事。

川红集团以企业身份，按照市场的规律，高效地嫁接政策支持，推动优化川红工夫茶产业链条的各环节资源的合理布局，实现产业迅速发展，使川红工夫更具有全国影响力，市场份额更大，用市场业绩反哺产业链的各个环节的参与者，实现川红工夫产业链条上全体农民共同致富，实践"藏富于民"、"让农民有尊严地生活"的国家理想，力争使川红成为继五粮液之后的宜宾又一知名的地域名片。

　　为什么同属于中国民族性的产业的白酒、食用油、凉茶、大米产业的发展如日中天，而茶产业却进展缓慢。其他快速消费品行业为什么都出现了足以抗衡外资品牌的民族品牌，有些甚至是民族品牌远远超越外资品牌，而在茶叶领域，一个卖得极其便宜的"立顿"几十年来孤独求败、笑傲江湖的格局至今没有被打破。

　　中国茶业仍处于一个低层面的发展阶段，2010年七万家本土企业没有一家销售额能超过10亿，过亿的也屈指可数。而食用油行业中的金龙鱼、福临门、鲁花均超过50亿，凉茶行业的王老吉10年突破100亿，超过可口可乐。因为销售业绩上不去，茶叶企业普通赢利能力不足，导致企业没有能力反哺产业链上游的茶农，更谈不上有能力贡献税收为国家做贡献、承担社会责任。

　　有名茶（川红工夫、宜宾早茶）、无名牌（林湖、金叶、叙府、早白尖都是区域性小品牌）、资源多、整合少、低水平重复建设、缺乏起码的规模经济，在这样一个产业结构下，展开品牌建设、生产管理、渠道管理等致力于运营效率提升的措施，并不能从根本上解决宜宾茶叶企业所面临的问题。

　　宜宾市政府已经注意到这种情况，经过数年的推广，"宜宾早茶"在全国具有了相当的知名度。但是，和中国其他茶区"小、散、乱、弱"的产业格局一样，宜宾地区800多家茶企中至今没有出现全国性的大品牌。国家政策无法集中哺育，人人有份，导致资源分散，重复建设。企业的同质化竞争严重，多数茶企都是赚原料初级加工的钱，很少有茶企能通过品牌提升，来增加产品的附加值。

如果通过企业的单体运营、自我发展，时间会很漫长，将会错过中国茶叶发展的最佳时机。在这种大背景下，金叶与林湖的重组无疑具有战略意义。重组后的"川红集团"具备更大的平台将"川红工夫"打造成全国性品类，获得更广阔的市场空间。中国茶产业的规模大概是3000亿，随着中国经济的高速发展，人民生活水平的提升，消费结构必然升级，中国茶叶市场容量也会逐年递增。如果能完成政府做品类（宜宾早茶和川红工夫）、企业做品牌、茶农做品质的产业合理分工，"川红集团"作为优质的平台，可以更有效地创新商业模式、牵手资本、整合多方资源进而成为中国茶企最富创新精神、最优运营效率的代表之一，成为宜宾茶叶中的"五粮液"，茶叶产业也有望被打造成宜宾继白酒之外的另一个强劲的经济增长点。

结构效率大于运营效率。因为在企业的基础体制、商业模式和资源配置结构失效的前提下，致力于运营效率的改进，往往是徒劳的，或者是事倍功半的。重组后的"川红集团"，必然思考结构效率的基本命题，通过自身的战略行动，致力于宜宾市茶叶产业结构的改进，并在产业结构演变中，确立自己的主导地位。

从 2009 年到 2012 年，蒋同团队连续四年为林湖茶业及后来重组的川红集团提供咨询服务，内容涵盖战略、营销、品牌、流程、财务顾问、集团重组、政府公关，帮助川红集团从一个地域小厂一跃成为省内领先且在全国具有影响力的品牌。

2010 年 12 月 25 日下午，川红产业发展历程上具有历史意义的一次会议"重振川红战略研讨会"在刚刚成立的川红集团总部召开，与会者有为川红发展做出杰出贡献的老人、茶学泰斗西南农大刘勤晋教授和四川农大杜晓教授、和君咨询蒋同、宜宾市政府领导、川红集团管理层。当代茶圣吴觉农之子年逾八十的吴甲选大使及夫人张素娟从北京专程而来。

第六章

重续辉煌

东方丹霞　武夷岩茶

大红袍母树

让人头晕目眩的武夷岩茶

传说明代有一上京赴考的举人路过武夷山时突然得病，腹痛难忍，巧遇一和尚取所藏名茶泡与他喝，病痛即止。他考中状元之后，前来致谢，问及茶叶出处，得知后脱下大红袍绕茶丛三圈，将其披在茶树上，故得"大红袍"之名。

现在，所有到过武夷山的游客，都会听到这个故事，大红袍也随着这个故事而传播四海。

其实，大红袍是一种茶树品种，用大红袍茶树的叶子制作的茶称为武夷岩茶。武夷岩茶为乌龙茶类（青茶），制作方法介于绿茶与红茶之间，具绿茶之清香，红茶之甘醇。其品目多达千种，熟知的名枞有铁罗汉、北斗、肉桂、水仙、黄金桂、佛手、水金龟等。而著名的大红袍，有人说是"北斗"，有人说就是九龙窠半山腰上的"六棵树"。应该说"大红袍"是茶师根据经验选择不同的岩茶名枞拼配，经烘焙、陈化而成，大红袍的制茶工艺极其复杂，但不管怎么说，在普通消费者眼里，"大红袍"几乎成了武夷岩茶的代名词。

史料记载，早在宋代，武夷茶成为贡茶。元明两朝特意在当地创设了皇家焙茶局。

不仅是在国内。早在 1607 年，荷兰东印度公司就采购武夷茶经爪哇转销欧洲各地。几十年后，武夷茶已发展成为一些欧洲人日常必需的饮料，当时一些欧洲人把武夷茶称为"中国茶"。

众望所归，1959 年评出的全国"十大名茶"中，武夷岩茶与其他九大名茶并列其间。

武夷岩茶的手工挑拣与焙火工艺

很早以前，茶叶就是武夷山重要的经济作物。早在商周时，武夷茶就随"濮闽族"的君长，在会盟伐纣时进献给周武王了。唐朝元和年间孙樵在《送茶与焦刑部书》中提到的"晚甘侯"是有关武夷茶别名的最早的文字记载。到了宋代，武夷茶已称雄国内茶坛，成为贡茶。

范仲淹留下"溪边奇茗冠天下，武夷仙人从古栽"、"北苑将期献天子，林下雄豪先斗美"的诗句。元明两朝，在九曲溪之第四曲溪畔，创设了皇家焙茶局，称之为"御茶园"，从此，武夷茶大量入贡。

清康熙年间，武夷茶开始远销西欧、北美和南洋诸国。19世纪20年代开始，武夷茶在亚非美一些国家中试种，至今已在30多个国家安家落户。进入20世纪80年代，武夷茶又风靡东瀛，被视为健美茶而倾倒无数佳丽。

依照武夷山茶人的传统观念：武夷岩茶之所以驰名中外，与优异的自然环境是分不开的。原由是武夷山的中心地带的三坑两涧是武夷岩茶正岩产区，其中最具代表的是一条高低起伏的巨龙形深长峡谷，谷底两侧的九座危峰，分南北对峙并列，有如九条巨龙欲腾，又难觅首尾，峡谷因而得名"九龙窠"。尤其是那红色摩崖石刻"大红袍"所标记的"六棵树"成为旅游者膜拜的茶树之神。

根据生长条件，武夷山茶人又将武夷茶分为正岩、半岩和洲茶，在山者为岩茶，是上品；在周边山麓者为半岩，是中品；在河畔洲岛者为洲茶，再次之。而同样产自武夷山自然保护区的正山小种和金、银骏眉则不属于岩茶，不按该法分类。武夷岩茶属乌龙茶，而后者属于红茶，后者近年来在茶叶市场曾掀起风浪。

尴尬的产业现状

　　尽管武夷岩茶历史悠久，知名度高，在 1959 年亦入选中国十大名茶，但难以回避的是，随着时间的推移，武夷岩茶正逐渐被淡忘，尤其是在茶叶消费市场。

　　由于产量不大，很多介入武夷岩茶的商人把它定为高端礼品茶，因此它在市场上无人问津或难寻踪迹，并未实现产业化。

　　再加上，由于茶树生于岩缝之中，需要不断给茶树补充养分。此前，在武夷山流传着"客土法"，俗称"填山"，即每年将山上的腐殖质土层或肥沃客土运到丹崖壁上的茶树周围。

　　但 1999 年，武夷山被联合国科教文组织列入世界文化与自然双遗产名录，至此，终结了具有千年历史的茶叶"客土种植法"。

　　传统的方式被叫停，种植千年的土壤早已退化，而新的种植方式未跟上，大红袍品质急剧退化，口感苦涩，以至于一些茶农不得不以高火功烘焙的焦胡味来遮掩茶叶品质的下降。

　　有趣的是，这些居然成为一些商家的卖点。

　　东方丹霞的首席科学家，联合国国际生态安全科学院院士、北京生态文明工程研究院院长刘宗超看来，这无异于杀鸡取卵，最终会使武夷岩茶逐渐没落。

　　刘宗超和王进在 2009 年相识合作，科学家和企业家携手投资武夷岩茶大红袍。在他们看来，前些年，武夷山所流传的"不苦不涩不是茶"的谚语足以表达这种无奈。

最好的武夷岩茶产在武夷山核心景区丹霞地貌的岩石峡谷间，这种地貌称之为"正岩"。其岩谷陡崖遮荫条件好，谷底渗水细流，夏季日照短，冬挡冷风，温差较小。正岩茶园土壤通透性能好，钾锰含量高，酸度适中，茶品岩韵明显。正岩产地有天心岩，马头岩，慧苑，竹窠，碧石，燕子窠，九龙窠，御茶园，玉花洞，水帘洞，佛国，桃花洞，桂林，三仰峰等。

为了发展旅游业，招揽游人，"大红袍"被扭曲性地神化："只有六棵树才是真正的大红袍"。由于旅游宣传的长期误导，以至于人们相信除了那"六棵树"所产的八两大红袍才是真品，其余大红袍都是假的，这一悖论又经过一个故事的传播，变得愈加真切。这个故事说的是当年毛泽东赠给尼克松四两武夷岩茶，尼克松私下埋怨毛泽东太小气，周恩来知道此事，笑着向尼克松解释说，毛泽东是天下最大方的人了，他已经给你送了半壁江山。受这个故事的影响，有位武夷山的朋友给北京的一位将军送了一斤大红袍，这位将军非但没有感谢，还愤然斥责这位送茶的朋友说："真正的大红袍只有八两，谁能得到一钱一两足以，何来一斤呢？分明是假茶"。武夷山政府也早已认识到，长在"九龙窠"绝壁上具有地标意义的那六棵大红袍茶树"年事已高"，只能作为武夷茶的文化象征。市政府于2006年将其封树，不再采摘。

现代客土法：好岩茶从土壤开始

昔日高品质的武夷岩茶，是由特殊的生态环境做支撑的，武夷山三坑两涧的谷中松柏成林，植被连绵，谷底成行成列的茶树娇翠欲滴。武夷岩茶的正岩茶园几乎都在三坑两涧的岩壑幽涧之中，借谷底冬暖夏凉，雨量充沛的条件，特别是茶农采用的客土法将带有酸性岩石风化石乳的腐殖土不断给茶园培土，才孕育出武夷岩茶独特的岩韵。由于世界自然遗产的保护和种植规模的扩大，客土法这一传统耕作方式难以延续，这才导致了武夷岩茶逐年失去了昔日的光华。再者，武夷岩茶品质如何延续？这些引起了相关部门的高度重视，不断寻找解决之道。

2004年相关部门绕了一个大圈，最后找到了刘宗超。当时的刘宗超已是生态领域的知名学者，但他对茶叶并不内行。但万变不离其宗，茶树是植物，需要解决的无非是土壤的养分和生存环境等问题。

刘宗超博士数百次深入武夷山腹地，经过长时间研究，最后发现，要延续武夷岩茶以往的品质，需解决两个问题，一是要采取无性系扦插以保持品种特性；二是要从生长环境入手，用生态还原技术培育土壤，提高茶树根际微生态适宜度，确保对大红袍茶树营养（有机质以及大、中、微量元素）的均衡供给。

这一方法又称为"现代客土法"，具体就是：要种出好茶，就要利用生态还原技术，把人为中断的农业生态循环连接起来，增加土壤团粒结构，清洁净化土壤，激活板结土壤中原生有益微生物群落并有效抑制有害病菌群发，减轻病虫害，拒绝用药；要利用有益微生物营造营养均衡、湿度适宜的微生态环境，以利于在茶树根际形成主导菌群，保持稳定的生物活性，提高茶树、

蒋同团队、王进、刘宗超在武夷山

土壤、肥料及水、光、气、热等要素的系统生态功能……

最后，刘宗超博士选择在位于虎啸岩景区与一线天平行的一条山谷和天成禅院主殿遗址罗汉台试种，这里的土地条件与九龙窠极其相似，丹崖壁立，两峰相对，沟壑梯叠。

他找来当地茶农，清杂补疏，修剪成行；分析土壤，采取补充有机无机养分、微生物生态激活土肥、模拟还原大红袍生境、根外喷施等一整套生态还原技术来替传统代客土法，培肥茶园，为岩茶提供自然生境。经过几年的土壤培育，地里居然生长出了肥沃茶园的标志性植物"野芝麻"。

2004年4月末的一天，春茶开采的时节，当地茶农突然打电话过来说："刘博士，你快过来，可能出好茶了。"原来，当地茶农在进行摇青、杀青、揉捻、初焙制茶过程中，院子内外方圆一里都闻到了特殊茶香。

挂了电话，刘宗超匆忙赶往武夷山，果不其然。

此后，他开始了大面积的试种。在制作上完全继承武夷岩茶的传统加工技艺，焙火适度，不用碳焙，避免炭化苦涩。

技术难题解决了，但现实与刘宗超的预期仍然相差甚远。

因为培育土壤成本高，通常一亩地需花费4500元，是此前茶农花费的数倍，而茶叶收购价格却并不见涨，于是茶农还是不愿意投入，这导致了茶叶品质的下降。

"我是搞技术的，技术难题我能解决，但市场还得靠别人。"说起这些，刘宗超颇为无奈。

『红袍王』：武夷岩茶的王者归来

从 2004 年进入武夷山，十年来，刘宗超有很大一部分时间和精力花在了武夷岩茶上，所栽种加工的"东方丹霞"牌武夷岩茶于 2007 年、2008 年连续两年获得中国国际茶业博览会金奖，被博览会称为"红袍王"。虽然刘宗超的试验田一枝独秀，但很难有效改变武夷岩茶品质下降的现状。

刘宗超的科研成果亦引起了一些投资商的注意，陈荣生、庄亮先后与他有合作。陈荣生"国宏时代"动作很大，自种改良了一万多亩，带动了武夷山及建阳、建瓯的十几万亩茶园，但因摊子铺得太大，资金链出了问题。随后，庄亮介入，由于他只关注技术、没有认真做市场，仍然没成功。

2009 年，早在 1988 年就到海南的资深"闯海人"王进想在海南种树，他在北京邂逅了生态专家刘宗超博士，两人一见如故。

"我当时的想法很简单，一是相信刘博士的技术与为人；二是武夷岩茶保存时间长，不像绿茶，大不了算存点茶。"王进坦言，在听了刘宗超的介绍之后，他回家仔细查阅了武夷岩茶的资料，觉得这样的好茶应该好好推广。

"因茶树长于武夷山沙岩之台地上，而名为武夷岩茶，其实岩茶是长在丹霞地貌上的茶。东方丹霞的道路可能是曲折漫长的，但我坚信东方丹霞的前景肯定是美好的。" 王进表示，东方丹霞技术团队在刘宗超博士的带领下经过艰苦努力，已建立起东方丹霞独特的茶园土壤改良、科学的种茶与制茶、茶后期陈化与拼配的完整技术系统，并做了近 5 年的市场验证，东方丹霞广泛博取了国际政要、商界领袖、文化精英的一致好评。

东方丹霞的生产过程极其不易，正宗大红袍的产量极其稀少。东方丹霞"红袍王"定位于圈子茶，在保障高品质的同时价格相对高端，成为茶叶中的奢侈品。也正因为这个定位，市场上鲜见"红袍王"的身影。经过这么多年的口碑相传，"红袍王"在一个相对高端并且狭窄的圈子内流行，消费人群主要是国家政要、商界领袖、文化名流、演艺明星、体育明星等等。

短短几年东方丹霞获得市场和客户的高度认知，2014年5月东方丹霞在北京隆重举行全球启幕盛典；2015年东方丹霞成为《经济观察报》战略合作伙伴；东方丹霞荣获"2014—2015年度中国最受尊敬企业"称号。现在东方丹霞是中国茶业行业十大影响力品牌之一。

当然东方丹霞董事长王进认为，这只是东方丹霞打造世界茶企、打造百年老店的起步，东方丹霞也只是武夷岩茶的众多企业之一，武夷岩茶重回全球市场仍需要多方共同努力。"比如，配套政策、金融支持、地方政府加大对茶农利用现代客土法的推广力度，同时要制定符合国际通行的'岩茶种植与制作标准'等等。"

在蒋同看来，唯有如此，武夷岩茶才能真正实现产业化，续写辉煌。

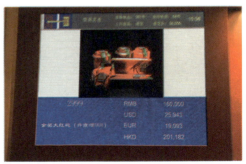

东方丹霞"红袍王"获第四届、第五届中国茶叶博览会金奖。在2014年瀚海春拍上，拍出了每斤15万元的大红袍历史最高价。

第七章

阳春白雪：黔茶的
80后新星

如梦如幻的湄潭县城

湄潭翠芽

东有西湖龙井，西有湄潭翠芽

　　湄潭县，隶属贵州省遵义市，位于贵州省北部，县城距遵义市区 58 公里，总面积 1864 平方公里，地域南北狭长，东西宽 25.5 公里，南北长 96.5 公里，平均海拔 972.7 米，森林覆盖率达 60.08%，属亚热带季风性湿润气候，年平均气温 14.9℃。这里土地肥沃，山川秀丽，生态良好，被誉为"贵州高原上的一颗明珠"和"云贵小江南"。

　　湄潭是贵州茶叶第一县，贵州省最大的茶叶基地，所产"湄潭翠芽"品质卓越，在业内有"东有西湖龙井，西有湄潭翠芽"之说。

　　湄潭茶叶种植历史悠久，茶圣陆羽在《茶经》中说："黔中生思州、播州、费州、夷州……往往得之，其味极佳。"清《贵州通志》载："黔省所属皆产茶……湄潭眉尖茶皆为贡品。"

　　抗战期间，竺可桢为校长的国立浙江大学迁入湄潭办学，一迁就是七年。1939 年 9 月，国民政府经济部中央农业实验所与中国茶叶公司在湄潭联合成立中央实验茶场。半年后浙江大学农学院的刘淦芝教授，担任了中央茶场的场长，学校协助政府建设了占地约 200 多亩的中央茶场试验地。

　　在浙大农学院专家的指导下，刘淦芝博士借湄潭山水之灵气，把湄潭的茶文化与现代科学技术结合起来，改进了湄潭茶固有的品质，同时引进了异地的优质茶种和杭州龙井茶的生产技术，培育出龙井茶、绿茶和红茶，使湄潭茶叶顿时名扬四方。

　　1943 年，民国中央实验茶场与浙江大学在湄潭联合创办贵州省立实用职业技术学校，主要开设以茶树栽培管理、制茶等为主的专业技术培训，在茶

湄潭中国茶海

叶科研上得到突破性的发展，使得湄潭茶叶品质大幅度提高，对后来的湄潭茶业影响极大。

　　湄潭茶叶虽然有着堪比龙井的品质，但因地处西部，市场一直打不开。因价格低廉，每年大量江浙茶商入黔，将湄潭茶叶制成龙井、碧螺春，再销售到全国各地。"茶农得小利，加工得大利，茶商得暴利"曾是湄潭茶叶的生存现状。

做最好的湄潭茶

然而，湄潭县有一个年轻人不甘心如此。

王静，贵州阳春白雪茶业有限公司创始人，一位 80 后的董事长。和王静一样，阳春白雪公司也很年轻，成立于 2004 年。阳春白雪寓意"不做平庸的茶叶，要生产最好的湄潭茶叶"。公司总经理和管理团队九成以上都是 80 甚至 90 后，在极其传统的茶行业和前辈众多的贵州茶业界，阳春白雪无疑是个小字辈。

成绩是干出来的。

阳春白雪采用"公司＋基地＋茶农"的模式，在湄潭翠芽的核心产区兴隆镇云贵山和抄乐镇落花屯村建有高标准有机生态茶园 8000 余亩，带动和辐射茶农万余户、茶园 2 万余亩。2013 年公司基地获"中国高品质绿茶产区"示范基地称号。

公司还在湄潭绿色食品工业园区投资建设了 15000 平方米的现代化产业园，建有先进的生产线三条：年产 1000 吨名优茶清洁化生产车间、全自动标准化名优红茶生产线、传统工艺体验传承手工作坊。其中，湄潭翠芽全自动清洁化的生产线是目前贵州省最先进的扁形茶生产线。湄潭翠芽传统制茶工艺是省级非物质文化遗产，为了保护和传承这一项技艺，阳春白雪投资建设了"湄潭翠芽非遗传习基地"，传习基地总共有 13 个部分，分别展示了湄潭翠芽的历史及传统的湄潭翠芽制茶工艺等，该基地作为贵州茶文化生态博物馆唯一一家分馆对外展示。

公司先后于 2007 年通过 QS 认证；2008 年通过 ISO 9001 ：2000 质量体系认证和 HACCP 食品质量体系认证；2009 年生产的湄潭翠芽获第七届"中

茶杯"金奖；2011 年所产的特级湄潭翠芽"贵芽"获第九届"中茶杯"特等奖；2013 年公司产品通过国家检验检疫总局食品（茶叶）出口认证；2013 年公司生产的产品在湄潭县茶业协会举办的"茶王"评选中荣获"茶王"称号，王静同时荣获"湄潭翠芽"传承人称号。

阳春白雪茶业在发展过程中非常注重茶文化的挖掘和传播，在产业园内建有 6800 平方米的茶文化长廊，长廊由元前 135、中央实验茶场、茶佑中华、云贵山有机茶生态茶园实景沙盘模型和"阳春白雪"主题雕塑等几个单元组成。其目的是充分挖掘黔茶历史，让世人知道黔北是茶的发源地之一，是产好茶的地方。

此外，茶旅一体化的生态茶庄也正在紧锣密鼓地建设……

所有的努力，只为呈献一杯好茶。

做最有影响力的湄潭茶品牌

湄潭的茶企基本上都是替别人做嫁衣，靠着茶叶代工赚点加工费。所谓的自主品牌也就是换个包装，售卖点礼品茶罢了。

阳春白雪要如何成为湄潭翠芽第一品牌，让更多的消费者喝到湄潭翠芽。从生产最好的湄潭茶到让消费者喝到最好的湄潭茶，这是两种截然不同的能力。

企业商业模式如何设计？

茶叶从本质上讲是农产品，农产品特性离不开茶园、工艺等因素，研发生产基地和加工工艺是核心竞争力和创新的基础。茶农、政府、龙头企业是牢固的铁三角关系，如何处理铁三角关系呢？

企业制定什么样的营销战略？

阳春白雪在市场区域规划上是打猎式开发，省内和全国化扩张也是蜻蜓点水，关键是阳春白雪营销战略没有统一规划，有关时空布局的问题本质上是营销战略问题。

品牌和产品如何定位与传播？

古言"大河涨水小河满"，阳春白雪如何成为湄潭翠芽大家庭中的一支生力军，如何借力政府推动湄潭翠芽公共品牌的东风，是一个品牌定位问题。但品牌打造是一个系统工程，同时也是一个"战略投入工程"，阳春白雪面对不确定的市场如何投入？

根据地市场如何打造？

首先是有没有根据地的意识，如果有根据地思维，根据地选在哪里？选好根据地后如何打造根据地？系统化打造策略是什么？

营销组织能力如何培养？

好营销不是在家里想出来的，而是在外面做出来的。阳春白雪的组织能力还需要补上，但思想建设、组织建设、团队建设如何进行？

基于以上五大困惑，阳春白雪先后谈过一些策划公司和咨询公司，王静深刻认识到阳春白雪需要的不是点子公司，也不是策划公司，而是需要对茶行业有系统理解的咨询公司。和君咨询蒋同团队能从产业的高度审视发展大势、能从战略视角规划企业发展路径、能用资本的工具推动产业升级、能用创意的方式打造强势品牌。

2012 年，阳春白雪携手和君咨询蒋同团队。

一、核心命题

阳春白雪茶业的两大发展命题：

第一是品类 NO.1：西湖龙井、信阳毛尖、洞庭山碧螺春、黄山毛峰每个品类都有成百上千家企业，阳春白雪要成为湄潭翠芽品类的 NO.1、代名词。

第二是产业为王：拥有产业中位势，承担产业责任，贡献产业价值。打造"阳春白雪模式"，政府是支持者，企业是组织者，茶农是参与者，政府、企业、茶农三者是完美统一的产业关系，做产业龙头，推动湄潭茶业发展。

二、问题解读

为了解决两大核心命题，阳春白雪需要从营销战略、品牌和产品组合、整合营销策略、根据地市场 4 个方面下功夫。蒋同团队在项目启动会上提出了 10 个假设问题：

1. 根据地选择：根据地选在遵义还是贵阳？

2. 目标人群：主消费群体是谁？核心市场在哪里？

3. 地方品牌困惑：品质堪比龙井的湄潭翠芽走不出去的根本性原因是什么？

4. 品牌推广支撑：地方品牌要走出大山有哪些有效的推广方式？企业是否能承受这种资源的投入？

5. 营销团队：现有的营销团队如何？如何组建一支专业、高效的营销

铁军？

6. 人才招聘：加上老板就十来个营销员，湄潭位置较偏，招人会有一定困难，考虑把营销中心移师遵义。

7. 明星产品：阳春白雪目前产品品种太多，没有主打产品，如何规划明星产品？

8. 渠道模式：政商团购是逃不掉的魔咒否？

9. 人脉关系资源：阳春白雪走团购高端市场，广告和品鉴会是重要的推广方法，这需要资金和人脉关系的支撑，阳春白雪是否具备这样的资源？

10. 专卖/加盟店：阳春白雪没有好的知名度，是否有资源建立自己的品牌加盟店或直营店？

年轻的阳春白雪团队完整地执行了战略方案，效果是有目共睹的！

"贵芽"系列成为了湄潭翠芽的第一品牌，渠道布局从省内扩展到北京、上海、广州、内蒙、宁夏等地区四千多个终端网点，同时出口欧盟国家。现在的阳春白雪发展成了一家集茶叶科研、生产、加工、销售为一体的大型茶业公司，2012年公司被评为贵州省扶贫龙头企业，同年被评为贵州省农业产业化经营重点龙头企业。

踏实、务实的同时又能不断地创新，阳春白雪走上了自己的特色发展之路。成绩是最好的证明，年轻的阳春白雪已经成为贵州茶业的佼佼者，特别是在茶农组织、品牌打造、茶旅一体化方面为贵州茶业发展提供了宝贵的探索经验，而这样基于实践的经验反过来又有力地推动了贵州茶业的继续发展。

茶产业转型升级的『湄潭答卷』

湄潭茶叶当然不甘于老做"他人替身"。

近年来,湄潭县坚守"优势在茶、特色在茶、出路在茶、希望在茶、成败在茶"的理念,大力实施"质量安全、基地提升、品牌打造、市场拓展、茶旅一体"五大工程,交上了高分值的茶产业转型升级"湄潭答卷"。茶产业不仅成为湄潭的主导产业、富民产业,也成为湄潭"弯道取直,后发赶超"的有力支点。

截至 2015 年,全县茶叶加工企业、加工大户突破 500 家,其中国家级龙头企业 4 家、省级龙头企业 19 家、市级龙头企业 13 家,产品涉及名优绿茶类、大宗绿茶类、名优红茶类、黑茶类、茶叶精深加工等各个方面,开发生产了茶多酚、茶叶籽油、茶树花、茶香酒、茶皂素、茶生物肥料等 12 类精深加工产品,实现了茶产业"接二连三",产业链不断延长、附加值不断提升。全县六条茶叶产业带逐渐形成,茶园面积已达 56 万亩,投产茶园 40.5 万亩,茶叶年总产量达 4 万吨、产值 30 亿元、茶业综合收入 50 亿元。

年轻的阳春白雪团队拥有着丰富的农民管理经验

全国生态茶村典范湄潭核桃坝

　　"中国茶文化之乡"、"中国茶业十大转型升级示范县"、"中国茶叶产业示范县"、"全国重点产茶县"、"贵州茶产业第一县"……一项项荣誉纷至沓来。

　　在做大做强做优茶产业的同时,湄潭县加快茶文化的开发和挖掘。2013年9月揭牌亮相的生态茶博馆是以茶文化为主题的展览馆,共展陈了茶的起源、古代茶事、历史名茶、民国中央实验茶场、茶叶农垦、茶叶科研、茶叶供销与外贸、当代茶叶、茶礼茶俗等内容,全面、系统展示贵州茶文化从起源发展至现在的全过程。茶博馆不仅见证了20世纪我国茶业的辉煌历史,更是奠定贵州在20世纪中国现当代茶业的地位。

　　"过瘾"、"醉了"。"身临茶海,清新的空气,伴着浓浓的茶香,沁人心脾,犹如置身于绿色的海洋。登上观海楼,极目远眺,一垄垄茶树舒畅怡然地卧在山冈地头,满目葱绿,微风拂来,好不惬意……"到湄潭参加"生态茶乡行"活动的记者们用文字这样描述湄潭的万亩茶海景色。

　　这只是湄潭茶旅景点中的一部分。经过几年的打造,田家沟湿地花田、大青沟七彩部落、云贵山云雾茶园、洗马镇水湄花谷、"天下第一壶"茶文化主题公园等一个个景点,像一颗颗散落的珍珠分布在湄潭的茶园间。同时,正在建设中的茶园木栈道、拉膜会场、精品茶庄等一批新兴旅游精品项目为湄潭茶园锦上添花。

　　"中国茶文化之乡"、"国际生态休闲示范县"、"全国魅力十佳新农村"、"全国最受百姓欢迎产茶地"、"中国十佳宜居县",一山(象山茶博园)、一壶(天下第一大茶壶)、一海(中国茶海)、一城(中国茶城)、一村(西部生态茶叶第一村核桃坝村)……一张张精彩的中国茶名片吸引着越来越多的客人到湄潭观光旅游。

第一，怎么做出业绩？归根结底，业绩都是人做出来的。从三个方面下手，第一是团队的心态建设，心态从个人战略、激情自信、时间管理、压力管理、情绪控制、职业化入手，是为了解决愿不愿做的问题。第二是问题的解决能力，首先是直接面对消费者的沟通服务能力，如终端店面的建设与运营能力、客户关系管理能力、消费者的售后服务能力；其次是参与竞争的能力，如情报管理、攻防进退、掌握主动。第三是解决渠道商的开发和动销能力问题，如招商、厂商关系处理、客户成长计划。第四是解决营销将士的动力问题，实质上是解决努不努力做好的问题，要体现做得好和做得不好有什么不一样，标准为责、权、利匹配到位。总之，咨询项目实施关键在运营，运营关键在团队，团队关键在心态、能力和动力。

第二，营销人员坚持"出门一个方案、回来一个报告"的做事作风。毛主席说，市场调查就像"十月怀胎"，解决问题就像"一朝分娩"，调查就是解决问题。保持足够的时间进行市场调查是很有必要的，调查完毕每人写一份市场调查报告，大区经理再集合大家的报告内容写出操作思路、目标和路径，简单地说就是区域市场年度营销计划。全体人员集中开会碰撞，由公司高层提出修正意见，最后形成根据地市场作战指南，下发全体营销将士严格执行。为了避免营销员的调查盲目性，在调查前进行详细的培训显得十分重要，告诉营销员为什么要进行市场调查，明确市场调查的方方面面，《深度营销思想读本》《市场调查计划和报告模板》，人手一本。

第三，运营能力将是对企业长期的考验。组织运营系统包括：组织与责任体系、绩效管理系统、流程管理系统、数据分析与管理系统、会议管理系统、汇报管理系统六个方面。任命一位大区经理，大区经理再自由组合团队，主要包括公关专员、团购专员、特通渠道专员。从某种程度上说，这个团队组织运营力将决定战斗力，也将决定遵义市场的成败。

项目思考
与
启示

第八章

英德红茶·岭南茶乡
的产业升级

说起英德红茶，就不得不说华侨茶场。

英红华侨茶场，始建于1951年，名为"广东省公安厅英德劳改农场"。1954年，省公安厅统一规定省直各劳改单位和监狱的名称时，称为"广东省地方国营英德农场"，其性质、职能未变。1959年，又改称为"广东省新生联合企业公司"，仍属劳改工作局管。1965年，改称为"广东省英德茶场"，以生产茶叶为主要发展方向。1968年至1969年，茶场先后成为省直五七干校、省直知青场。1979年，因国际形势变化，安置越南归国难侨12060多人，同时更名为"广东省英红华侨茶场"，是广东省拥有归侨人数最多，国有土地面积最大的一个华侨茶场。2003年3月正式纳入地方管理，改为英红镇，同时保留"广东省英红华侨茶场"牌子，享受侨场相关的优惠政策待遇。

1964年3月14日，时任中共中央中南局第一书记兼广东省委第一书记的陶铸取道英德赶赴阳山考察途中，听说英德新生联合企业公司（即后来的英德硫铁矿、英红茶厂、英德监狱）的茶地长势良好立即改道现在的英红镇坑口咀。一到茶地，看到大片绿油油的茶树，陶铸高兴地把它形容为"绿色的地毯"，并当场提出"英德第一步种茶10万亩（国营、集体各五万亩）"的发展规划。为了更好地实现这个规划，陶铸与同行的副书记李一清商量，决定成立"中南茶叶研究所"，兴办"广东茶叶技术学校"，并将英德新生联合企业公司更名为"广东省英德茶场"，在资金上给予大力支持。

1951年国家创办英红华侨茶场，集结全省的茶叶技术力量，利用云南大叶种鲜叶研制成红茶，于1959年研制出"英红"，这是我国红茶中的一朵新花。1959年英红初次出口供应市场，堪与印度、斯里兰卡红茶媲美。在国内，"英红"

陶铸 1960 年初在英德茶场

是与"祁红"、"滇红"并列的中国三大红茶之一。20 世纪 60 年代开始，英德茶园面积超过 6000 公顷，茶叶产量突破 4375 吨，成为我国 20 多个重点产茶县之一、全国茶叶出口商品基地。英德红茶蜚声中外，远销西欧、北美、大洋洲和中东等 70 多个国家和地区，被誉为"中国红茶后起之秀"。英德也被誉为广东省著名的"红茶之乡"，再后来更是升级为"中国红茶之乡"。1963 年，英国女皇在盛大宴会上用英红茶来招待贵宾并列为皇室用茶，一时间，英红风靡英国朝野！ 2007 年，英德红茶被评为国家地理标志保护产品，是当时省内为数不多的国家地理标志保护产品之一。

英德红茶特点

以云南大叶与凤凰水仙两优良群体为基础，选取其一芽二、三叶为原料。经适当萎凋、揉切、发酵、烘干、复制、精选等多道工序精制而成。英德红茶外形颗粒紧结重实，色泽油润，细嫩匀整，金毫显露，香气鲜醇浓郁，花香明显，滋味浓厚甜润，汤色红艳明亮，金圈明显，叶底柔软红亮，特别是加奶后茶汤棕红瑰丽，味浓厚清爽，色香味俱全（佳），较之滇红、祁红别具风格。

破解战略难题

　　英德，属广东省清远管辖。这里峰峦起伏，江水萦绕，喀斯特地形地貌构成了洞邃水丰的自然环境。英德，是广东省著名的"红茶之乡"。英德种茶历史可追溯到唐朝，唐代陆羽《茶经·八之出》载："岭南生福州、泉州、韶州、象州……往往得之，其味极佳。"当时韶州植茶包括英德、曲江等。明代以前英德便成为当时广东省 11 个产茶县之一，明代时是广东省 70 个产茶县之一，鸦片战争后是广东 84 个产茶县之一，可见英德植茶和产茶历史悠久。

　　中国进入市场经济后，外贸放开，大量的民营、个体企业雨后春笋般出现，他们的出现，一方面搞活了经济，一方面加剧了市场竞争。过去依靠国家行政手段统购统销活得很滋润的地方国有茶厂（场），一下子陷入了生存危机，呈现着一种普遍衰败的景象，与此同时，中国茶叶的国际市场地位也被印度、斯里兰卡超越。华侨茶场跟其他国有茶企业一样，因为缺乏市场竞争力，逐渐衰落，茶园基地因缺乏维护和建设、缺加工技术、缺行业经营管理人才、缺样板市场……逐渐衰败，只剩下空荡荡的厂房和破败的机器设备。如今的华侨茶场已经不是当年红遍全球的华侨茶场了。

　　广东作为改革开放的排头兵，濒临港澳的珠江三角洲地区，经济发达，而粤北地处南岭山区，属于欠发达地区，有些县至今还是国家级贫困县。英德的老百姓都习惯到珠三角的深圳、广州、东莞一带打工或者创业，留在本地以茶为生的都是些家庭作坊式企业，实力有限，且心理上小富即安、占山为王，随着广东省及全国的茶业市场竞争加剧、尤其是当普洱茶、铁观音、金骏眉在广东市场大行其道的时候，英德红茶整个产业的生存空间更被挤压。虽然，英红的创新产品"英红九号"也被卖出了几千元一斤的高价，但是产

2011年，蒋同团队在华侨茶场调研

量极其有限，市场上假货风行，严重影响了英德红茶的声誉。

对此，时任英红镇和华侨茶场党委书记的植文波有着清醒的认识，他对蒋同团队说，英德红茶要发展，绝不是为了卖出天价产品，而是要让更多人消费，让那些过去喝英红茶而现在喝普洱茶、铁观音的广东人也回过头来喝英德红茶，让华侨茶场的几万侨民能够因为茶业发展生活得到改善。

英红镇政府为此，专门制定了英德红茶的产业发展规划。2011年英红镇政府工作报告中提出，再出台种茶优惠扶持措施，投入140多万元大力发展高新名优茶，进一步巩固和发展"英德红茶之乡"的生产基地，着力打造和提升茶业品牌，有效带动农民增收，脱贫致富。

2011年6月，蒋同团队进驻英德，启动英德红茶项目，项目内容是全方面的，包含品牌战略、营销战略、发展战略。

英德茶区是广东两大茶区（英德茶区、梅州茶区）之一，区域优势突出；英德红茶是在普洱茶、铁观音之后的广东省消费的第三大茶类；华侨茶场所

蒋同介绍英红战略

在地英红镇是英德红茶的正宗原产地。英红有望成为"英石"之后的英德第二张城市名片。

战略命题

农业产业化的本质是政府引导，龙头企业带动产业链条上的全体农民共同致富，实践"藏富于民"、"让农民有尊严地生活"的国家理想。

英红项目面临两大核心命题：

命题一：茶产业的本质是农业，茶农不能致富，不能幸福，茶产业一定做不大，这不仅会给地方经济拖后腿，还会造成社会问题。并且，英红华侨茶场就是越南归侨安置茶场，有几万华侨，他们的经济生活水平能否提升，是当地政府首要思考的。

命题二：消费升级（健康、文化、精神需求增长强劲），茶产业呼唤龙头。广东茶业并未出现绝对的领导品牌，竞争层面还较低，市场不需要过度细分。英红战略包括产品战略：品牌塑造、营销突破，实现英德红茶的市场辉煌；产业战略：构建优化的茶产业链条，整合英德优质茶业资源，引领产业发展，积极谋求上市；区域经济战略：带动英德经济发展，优化茶产业链，涉足茶文化、茶传播、茶旅游，实现产业链各环节参与者共同富裕。

战略目标和难点

战略目标：打造中国茶产业的"英红模式"，政府是支持者、企业是组织者、茶农是参与者，政府、企业、茶农三者是完美统一的产业关系。要实现上述目标存在以下难点：

国家对土地政策稳定性的政治风险；

土地流转合同的法律风险，可能会出现法律纠纷；

农业生产的沉没成本很大，对企业的资金是一个很大的考验，存在财务风险，如果有负债，会存在偿债能力的风险；

英红茶叶的需求发生变化，供需平衡打破，同时，英红茶的消费群体较狭窄，带有一定的地域消费特点；

茶叶质量安全，一旦出现质量安全事故，对企业将会是毁灭性的打击；

新发展茶园至少需要 3 年时间才能投产，时间、成本都很大；

农业生产受自然条件制约程度大，病虫害难以预料。

我国是产茶大国，很多茶叶生产厂家注重茶叶从种植到加工全过程的技术研发，注重品牌建设，市场竞争会越来越激烈，在一定时期内对英红茶叶会有一些影响。

战略思路

在产品方面，英德将通过品牌塑造、营销突破，实现英德红茶的辉煌；在产业方面，英德红茶将构建优化的茶产业链条，整合英德优质茶叶资源，引领英德茶业发展，并积极谋求上资本市场；在区域经济方面，英德红茶将带动英德绿色经济发展，实现英德茶产业链各环节参与者和谐发展、共同富裕，实现"藏富于民"、"幸福茶农"的产业理想，把茶业打造为英德市的一张名片，形成中国茶产业发展的"英红模式"。

战略路径

为了解决两大核心命题，英红股份需要从英红茶产业定位、品牌定位、

英红股份LOGO，浓烈的时代烙印，
体现了品牌的历史沉淀

产品战略、营销战略、品牌整合推广、公司发展战略、茶农组织模式设计、营销组织建设八个方面着手：

英红茶产业定位：如何寻找英红茶产业机会？

公司发展战略：英红是稀缺资源，新商标"英红"如何运用？新公司成立后发展战略如何规划？

品牌定位：是主推公司品牌还是产品品牌？品牌如何定位才能成为英红茶 NO.1？

产品规划：针对创新产品的品牌、价格体系和包装风格如何规划？怎么尽快出产品？

三年营销战略：营销目标、路径和每年举措是什么？

品牌整合推广：如何利用自身有利资源进行品牌推广？

农民组织：如何把分散的茶农组织起来进行有机茶园的生产？

组织建设：根据地如何打造？需要一支有战斗力的队伍，招聘、培训、激励等环节如何进行？

发展战略规划（部分）

产品规划

在英德、清远，甚至广东省，茶已经成为人们日常生活中不可缺少的一部分。这么多的消费者，不同消费者有不同的茶叶档次需求，目前市场上的茶叶品牌并没有对其进行细分。英德红茶在保证茶叶品质的同时，通过茶的功能性、特点、消费群等几个方面，针对消费者的需求对产品进行细分，能够更好地抓住消费者，促进销售。

农民组织化

针对不同对象和时间节点采取不同的整合方式。为了建立有机茶园标准示范，采取向政府租赁自有模式。对愿意结成战略合作关系的种植大户和合作社采取入股模式，对大量的散户采取随行就市收购模式，企业集中规模化收鲜叶进行初制加工。

组织建设

以市场为导向，减少内部组织间的内耗，提升工作效率，充分发挥各部门对销售的协同作用，最终目的是提高企业的综合竞争能力；借助根据地市场打造，完善人员招聘和培训体系，建立初步成型的营销团队，特别是引进其他快消品行业优秀的营销经理人；设计科学组织结构图，突出营销职能地位，区域为本，责任到人，兑现考核；通过招聘、培训、激励、考核进行队伍打造，为根据地实际运作做好充分准备。英红的力量在一步步壮大，不断走上职业化。

百花齐放的英德红茶

2016 年 4 月 28 日，英德红茶走进北京人民大会堂，英德市人民政府市长黄镇生全面介绍了英德红茶产业发展情况。近几年，英德市委、市政府高度重视，大力支持英德红茶产业发展，品牌建设得到了进一步的巩固和提升。茶园面积：2012 年的 3.16 万亩，增加到 2015 年的 7.34 万亩（截至 2016 年 4 月达到 8 万亩），这是英德茶园面积增加最快的 3 年，共增加 4.18 万亩，增加 1.3 倍，平均每年增加 1.39 万亩。茶叶产量从 2012 年 2928 吨，到 2015 年 4000 吨，增加 1072 吨，增产 36.6%。茶叶产值从 2012 年 8.2 亿元到 2015 年 15 亿元，3 年产值增加 6.8 亿元，增长 83%。茶叶企业从 2012 年全市 35 家左右，到 2015 年达到 80 家，增加 45 家（截至 2016 年 4 月达到 100 家，与 2012 年比增加 65 家）。茶产业从事人员从 2012 年约 6 万人，至 2015 年达到 10 万人。

上茗轩、怡品茗、英红股份、积庆里、我和你、老一队等企业的产品在市场上有相当的影响力，有力地推动了英德红茶的品牌影响力和市场占有率。

龙头茶企抱团合作、共同发展，英红股份创始人易晓林（左1）、上茗轩董事长余雄辉（右1）、蒋同（中）。

第一，农民组织化是农业产业化的重头戏。土地联产承包释放了生产力，但同时带来了土地分散不能集约化生产的弊病。有的农民宁愿让土地荒芜都不愿流转到集约化生产，因为他们担心打工回来后没有土地保障。政府是农业产业化的引导者，政府是农业产业化的支持主体。建设农业（户）服务体系，扶持龙头企业承担市场风险，是农业产业化的坚强后盾。龙头企业是农业产业化的实施主体。农产品加工产生附加值，并在市场上得以实现，是农业产业化的枢纽。企业通过品牌运作和流通渠道建设面对市场，承担从茶农转嫁过来的市场风险。茶农是农业产业化的核心主体。茶农为龙头企业提供优质原材料，保证茶叶品质是茶农的主要职责。

第二，三农离不开政府，但政府是务实的。茶业产业化离不开政府支持，政府支持无外乎以下几种：资金支援（政府拨款、银行优惠贷款、风险准备基金、牵线民间游资）、人员支持（组织管理、监督人员）、组织支持（建立茶叶组织、茶叶股份集团）、宣传支持（联合政府宣传渠道、组织评选、城市行）、技术倡导（牵线学校和研究院）、销售市场引导或搭建、龙头企业扶持。政府工作做得完善的地区，茶产业就相对发展得好，单靠企业行为无法促成茶业产业化。政府出资源、出土地、出政策来支持目标扶持企业，但如果长时间看不到你的行动，或者企业行动迟缓，政府就会对你失去信心。

第九章

中吉号：完整产业链

上的名山普洱茶

　　如今的杨世华长驻勐海，经常行
走在各个茶山，被热带阳光晒得
黝黑，被云南佳肴养得微胖，成
为深山茶人。

普洱茶，是一个历史悠久的茶类，但风靡全国不过二十年的时间。20 世纪 90 年代前，普洱茶还属于边销茶和外贸茶的范畴（边销茶：供应给边疆少数名族的茶；外贸茶：出口创汇的茶）。

　　之所以引起世人关注，是因其三大属性：可喝的消费品、可存的收藏品、可送的健康礼品。

　　90 年代后，普洱茶的市场化开始，直至今日，成为了中国市场份额最大的茶类，整个普洱茶的产值 300 亿元，仅广东市场就囤积了 30 万吨普洱茶。

　　2000 年到 2007 年间，云南兴起了数量众多的普洱茶品牌，一开始做得轰轰烈烈，甚至有的品牌已经成立集团。然而在 2006 年至 2007 年的非理性市场繁荣期间，多家品牌因产品供不应求，一味追求数量而忽视了品质，导致产生不可逆转的负面口碑。

随着深圳特区创业潮风起云涌，粤港两地浓厚的茶文化深深激发了杨世华心中的梦想。

2001 年，杨世华放弃"铁饭碗"下海经商，在深圳从事茶叶贸易，成为最早一批将云南产的普洱茶及绿茶、红茶供应到以深圳等沿海城市的云南本土人。此后五年，杨世华在深圳积累了人脉和原始资本。2005 年，杨世华成为恢复生产的云南中茶公司在深圳的第一家，也是规模最大的经销合作商。

普洱茶界，80% 的品牌都是从茶农手中收料，找其他工厂代工生产，把重心放在市场进行轮番轰炸营销。此举优势在于集中最大精力做市场，缺陷却是原料品质难以保证。只有极少数品牌同时拥有茶园、工厂、市场。

中吉号就是这少数品牌之一，这缘于杨世华对普洱茶的深度认知：做名山普洱，须有源头扎实的根基，因此他从一开始就做了企业的规划：做完整产业链。

一方水土一方物产，
用心做好名山普洱

2007年，普洱茶泡沫破灭，整个普洱茶行业哀鸿遍野，杨世华却逆势而上，在普洱茶市场最低谷的时候，回到原产地建工厂，购买古茶基地，打造自主品牌。居中为吉，礼顺祥福——"中吉号"品牌应运而生。

2013年，蒋同第一次见杨世华时，问他为何做出这样选择？ 杨世华说，从长远来看，2017年并非普洱茶行业崩盘，而是市场上充斥太多劣质普洱茶品，而好品质的茶，一定会有旺盛需求。于是，他选择在行业低谷的时候打基础，在产品定位上，一开始就主做"名山普洱"。

普洱茶有三大产区，普洱市（原思茅市）、西双版纳、临沧。

仅西双版纳勐海这样一个县城里，就有100多家茶企，并且每年茶企的数量还在不断递增。伴随着普洱茶的市场认知度逐年提高，大量热钱涌入，这些热钱很投机，就是赚快钱。如果单纯地炒买炒卖，会不断推高普洱茶的成本，造成市场价格虚高，普洱崩盘事件再次发生的可能性极高。

2007年创立中吉号伊始，杨世华就认为，普洱茶的属性是农产品，因此源头建设始终是重中之重，纵有千难万苦，也义无反顾。

杨世华认为"好产地出好茶"，他跋山涉水，走遍云南数万平方公里山区，遍访上千个有古树茶资源的山头村寨，从一个山头到另一个山头，走了不止一个两万五千里长征。

杨世华说"一方水土一方物产"，云南山头茶各有特色是不能克隆的，因为环境气候不可复制。这种不怕劳累坚韧不拔的刚强品格和超前眼光，为杨世华赢得了普洱茶界"深山茶人"的美誉。

中吉号先后在班盆、易武、勐库、昔归等名山以买断林权、采摘权和原

中吉号自有古茶园坚持"两休两采",尽管一年之中不少大树茶都会发芽五到
六轮,但只坚持采春秋两季茶。春茶经过冬天的蛰伏,春天发芽,品质是最好的。

料等方式直控古树茶园上千亩。杨世华极为重视茶园的维护管理,每年花费
巨大的人力物力给茶园松土、除杂草、物理方法防虫;完全尊重茶树生长周
期的自然规律,严格实行春秋两季采摘,冬夏两季休养。

　　每年 3—5 月是普洱茶春茶采收季节,杨世华不管多忙也要亲赴茶园指导,
亲自上茶山寻找最好的原料,组织各个茶园基地采茶、做茶。在杨世华看来,
他收获的不仅仅是优质的毛料,更重要的是收获了茶农和茶友的信任,他非
常珍惜这一点。

好茶藏深山，
『麻黑』带动
易武茶区认知

　　易武是西双版纳勐腊县的一个乡，是普洱茶的传统产区，易武茶区老树茶比较多的有易武、麻黑、落水洞、刮风寨、老丁家寨、曼秀等地。

　　一直以来，普洱茶都是按等级来区分。杨世华是云南人，了解各个茶山出产的茶叶风味，他认为拼配的产品很难分辨出茶叶最本真的原味，售价也偏低。他想做一个细分市场，提升云南茶叶的价值，把原汁原味的茶展示给大家。

　　2008 年，中吉号推出了以产地为价值标准的 "纯麻黑"，开易武茶区山头茶品牌化制茶的先河。"纯麻黑" 开启了易武茶区全新的山头分类标准，一上市便让中吉号在珠三角 "一茶成名"。

　　易武 "纯麻黑" 的巨大成功，也让中吉号更加坚持走名山普洱的中高端路线。易武茶能有今天的美名，业界公认麻黑茶功不可没。伴随着麻黑寨名声大振，更多人转向关注普洱茶风格产区的易武大茶区。

　　随着中吉号品牌的崛起和市场的壮大，市场溢价反过来又反哺上游的茶园基地和茶农，带动了麻黑等各知名产区茶农的致富，富裕了的茶农积极性高涨。

好产品，
源自全产业链

　　中吉号公司按照"企业＋茶农＋基地＋市场"的产业链要求，积极筹建古茶树及高优生态茶园基础，组建茶农合作社，严格为原材料把关，精选云南澜沧江流域纯正大叶种茶料，在生产过程中注重传统加工工艺与现代技术的有机结合，打造出具有自身特色的品牌产品。

　　传统的普洱茶品鉴流程里，前两泡茶都要倒掉，这是醒茶和洗茶。

　　2016年，中吉号新工厂投入使用，每一饼普洱茶都经过了风选、静电除尘、人工捡梗及药品级的压茶空间，中吉号普洱茶达到免洗标准，第一泡就可以喝，其洁净度达到较高水准。

　　中吉号茶业始终以继承和弘扬"历史悠久、内涵精深"的云南普洱茶文化为己任，立志创建普洱茶界一流企业。

　　2010年，占地达5万平方米的中吉号茶厂，在普洱茶核心原产地的西双版纳州勐海工业园投入使用，年生产能力超过2000吨，产品覆盖普洱紧压茶的传统、礼品、特殊产品等系列共200多个品种。

　　同时，中吉号销量稳步增长，其中"易武古树"、"纯麻黑"、"乔木野生砖"等产品深受国内外广大消费者青睐。国内市场深耕广东、浙江、云南、山东、香港、澳门及台湾等区域，国外市场远销东南亚等地区。

　　"完整产业链"在普洱茶界其实很少见，因为它投入大、周期长，不仅意味着无尽辛劳，也承担着市场波动的风险。但是，多年来的沉淀让市场对中吉号的产品高度认可，也给了杨世华极大的信心。虽然行业形势不好，但像中吉号"珍藏青饼"，1000多件货一上市就销售一空，类似的销售佳话在中吉号身上还有很多。

"在普洱茶界，做全产业链是很辛苦的。但要保障品质，也就没有捷径。像我们中吉号，在班盆、易武、勐库、昔归等名山建立古茶园原料基地有几千亩，今后还会扩大。每年会花费巨大的人力物力去维护管理茶园，比如松土、施农家肥、防病虫、采摘制茶等。"

　　"其实做茶就是在做人，要纯粹一些，踏实一些，有大开阔的胸怀，也专注做茶的小细节。"杨世华如是说。

　　益武麻黑寨，少数民族文化程度低，普通话都不会说。中吉号员工和茶农交朋友，对茶农严格管理，茶叶品质好，受市场欢迎，农民也致富了，蒋同团队去这个寨子的时候，看到好多老百姓都在盖新房。

『吉祥茶文化』

　　杨世华坚持一头扎根深山，用心做好茶；一头扎根市场，传播茶文化，不断丰富品牌内涵。杨世华大学读的是中文，良好的学养让他对中国茶文化有着自己的认知。

　　中吉号的名称来源于《周易》的"居中为吉"，中道亦是正道。"吉"，是一个充满阳光的喜庆之字；《庄子·人间世》有"虚室生白，吉祥止止"，心胸宽阔，即能悟出智慧之道，好事自然会接二连三到来。这是关于"吉祥"最早的文献记载。

　　《逸周书·武顺》进一步诠释了"吉"的内涵，礼义顺祥曰吉。作为中国传统文化幸福与好运的象征，"吉"最早见于《易经》，吉祥涵括了人们对美好生活的祈愿。《茶经》载，茶之为饮，发乎神农氏。神农以茶解毒的故事流传千古。黄帝则姓姬名茶，"茶"即后来的"茶"字前身。茶饮，自古即有逢凶化吉之功效。

　　杨世华说，取传统文化中的"吉祥"作为品牌文化的灵魂与核心，寄望以茶为媒，让现代人在忙碌之中，能够慢下来喝喝茶，回归生活，享受吉祥与欢乐。

　　品牌核心"吉祥茶文化"体现在中吉号产品的各个方面，品名除了名山系列直接以山头命名，其他像"兰之恋"、"中吉红"、"珍藏青饼"、"禅"、"福禄寿禧"多取自吉祥元素；包装品名书写大多沿袭了传统的毛笔书法，又有云南本土特色，圆润如诗，轻盈欢乐。

　　在中吉号广州芳村形象店，吊顶是一个大大的"吉"字，产品展示柜则分为"吉、顺、礼、祥、福"五大系列。

2013 年，中吉号做了一件普洱茶业界的大事——在云南勐海兴建普洱茶体验中心。独具傣族风情的建筑完全按照星级酒店标准打造，专业的品茶师会把最成熟的茶品捧至消费者面前，逐一讲述每一块茶饼的来历和它的渊源，首现情景式品茶、买茶。

为了带动年轻群体喝茶，中吉号聘请了云南新生代民族歌舞代表人物小彩旗代言，倡导让喝茶时尚起来。2014 年，杨世华做客央视，以一个资深茶人的身份，倡导普洱茶应"回归品饮，远离炒作"。

随着中吉号事业的逐步做大，杨世华在更多的组织平台上传播普洱茶文化，他先后担任了深圳市茶文化促进会副会长、世界茶文化交流协会董事、罗湖区工商联副主席、总商会副会长等职。

在杨世华和这些组织、企业的共同推动下，深圳茶叶年消费额达数百亿元以上，且逐年上升，潜力巨大，很多茶企都选择以深圳市场为中心辐射全国，现在深圳已经成为国内重要的普洱茶收藏及消费市场之一。

如今，中吉号的"吉祥"茶文化，被越来越多的普洱茶爱好者认同和接受。

第 7 届深圳茶博会，中吉号获得了"深港市民欢迎的十大茶叶品牌"、珍藏青饼金奖、昔归优质奖；2013 年、2014 年连续两年被评为"深圳市茶行业示范企业"；2014 年被深圳市茶叶流通协会评为"深圳市茶行业创新型标杆品牌"。2016 年 8 月 9 日，中吉号茶业登陆新三板（代码：838212），成为古树普洱茶第一股。随着大健康时代的到来，拥有完整产业链的中吉号凭借稀缺的古树茶园资源和优质的产品，备受市场追捧。

杨世华十论普洱茶

1. 土豆精神

我是云南宣威人，那里人都喜欢吃土豆，高寒地区，土豆出产都是优质的，那里的人也是。我常说自己长得像土豆一样憨厚，也像土豆一样可以到处扎根。云南人很不喜欢外出，出去的也比较散漫，几乎各自为政，我算是例外。我觉得做茶的精神，与土豆传播很像，你想，土豆当年从美洲来到中国，救活了多少人？茶同样是优质产品，还是本土的优质产品，我们能不能做得像土豆那样呢每天都摆在餐前？

2. 立足深圳，迈向全国

选择在深圳做茶，是因为这里很包容，没有一个文化是强势的，大家都是移民。从深圳走出去的品牌数不胜数，未来这里会不会诞生一个大茶叶品牌呢？我认为会，这里有巨大的消费市场，深圳速度，深圳时间已经喊了很多年了，现在要慢下来。有钱后要过日子啊，过日子怎么会少了茶？深圳就像清水，遇到了茶叶，就会浸透、温润，慢慢地，清水也就有茶的滋味了。

3. 做茶与做人

做茶就是在做人，要纯粹一些，有自己的道德底线，做对了人，才能做成事。每年春季收茶的几个月我都会长驻勐海，亲自上茶山寻找最好的原料，组织各个茶园基地采茶、做茶。我收获的不仅仅是优质的毛料，更重要的是

收获了茶农和茶友的信任，这一点我很珍惜。

4. 全产业链

在普洱茶界，全产业链是很辛苦的。但要保障品质，也就没有办法。像我们中吉号，在班盆、易武、勐库、昔归等名山以买断林权、采摘权和原料等方式直控古茶树园共有上千亩。每年会花费巨大的人力物力去维护管理茶园，比如松土、施农家肥、防病虫、采摘制茶等。

中吉号的优势就是始终坚持做"全产业链"，即茶园（源头资源）、工厂（生产环节）、销售与市场（销售环节）同时兼备，并且自己拥有的源头资料，大多是百年以上的古树茶。"全产业链"在普洱茶界其实很少见，因为投入大、周期长，不仅意味着无尽辛劳，也承担着市场波动的风险。但是，多年来的沉淀让市场对中吉号的产品高度认可，又给予我极大的信心，像去年我们的中吉号"珍藏青饼"，1000多件货一上市就销售一空。

5. 勐海味

选择做普洱茶，是有家乡情结，也与自己的经历有关。选择在勐海做茶，

2014年，杨世华做客央视"影响力"栏目，以一个资深茶人的身份，倡导普洱茶应"回归品饮，远离炒作"。

是因为这里名山多，茶友都熟悉。再一个就是风格多样，每一棵树都是一道风景，每一座山又是一种风味。接着就是勐海茶包容性强，你纯料也好，拼配也好，都会提供给大家广泛的再创造空间。最后一点，勐海制茶技艺历史悠久。布朗族有上千年的历史，他们祖祖辈辈都做茶、喝茶，积累了独有的经验。当然，市场认可度高也是一大原因，所谓的"勐海味"已经成为一种标准。

6. 老班章与布朗山系

老班章，体现的是侠骨柔情，不单是霸，也有柔甜。班章茶从外形来说，很像我们形容的"肤白貌美"，芽肥，转化之后也好看，会呈现细条状的金黄色；其次，班章的口感、香气很独特，区别于其他的山头茶；另外，班章茶的渗透力强，喝下去，很快打通身体的各种气道，气韵十足。也就是有人形容的喝了会发汗的茶。在陈化过后，班章的魅力更是显示出时间的重量。

布朗山系的茶，不同海拔不同村寨的口感差异很大，用通俗的口感特征的相对性来说，有甜茶有苦茶。从以前留下来的布朗系老茶来看，共同特征是，大多都略有烟味，这与茶树土壤、内含物质和制作工艺都有关。

7. 普洱茶与时间

　　一般来说，一至两年的新茶，主要喝鲜爽度。三年以上，开始有花果香。如果在广东存放，六年以上就开始出现纯粹的陈香，汤色开始转红，滋味浓厚。十年以上，樟香和陈香伴随，气韵随着仓储环境的不同而有差异。

8. 台地茶与生态茶

　　台地与生态的好茶也很多，尤其是海拔高的，不打农药的生态茶，品质是十分优良的。台地茶园，不同地区的品质差异也非常大。我们提倡的是无公害和成品的安全性，这里就涉及到打农药与不打农药的区别。安全性，这是我们做茶首先应该做的，入口的东西，一定要让大家喝着放心。目前很多厂家对产品都有抽检或送检，应该说近几年来做得很不错。

9. 选茶标准

具有稀缺性。包括核心产区、高海拔、乔木古树、名山茶和知名老茶，这些茶质优量少，具有天然的稀缺性。

产品有口感特色。茶是喝的东西，首先影响人们的感观，也就是口感体验，比如易武的柔、布朗的烈、昔归的香、冰岛的甜，这些茶始终有独特口感，也较受大家欢迎。

知名品牌的明星产品。通常知名品牌的名星产品，更容易得到市场认可。

性价比高。收藏型普洱才面市时，不宜价格过高，否则会透支未来的价值空间。

有一定存量。有量才可能在边喝边藏中保留下来，否则难以经得起时间消耗。

10. 未来的市场

普洱茶因为存储转化和生活美学的功能属性，未来有很大的潜力。

从总量上来说，相比四五年前，市场规模扩大了一倍以上。今年(2015年)的市场波动，属于正常的市场调整，没有一个行业的发展是直线上升，对于普洱茶来说，是螺旋式的曲线，虽有起落，但从长远看是上升的。

第十章

白沙溪：安化黑茶的

凤凰涅槃

几经沉浮

　　白沙溪村，地处安化县小淹镇，因一条流入资江的清澈山溪白沙溪而得名。不得不佩服前辈挑选厂址的眼光，白沙溪的水来自雪峰山，一路婉转，清冽甘甜，是做茶的好水源；而资江浩浩荡荡，汇入洞庭湖，再流入长江，在陆路不发达的过去，这是最合适不过的交通通道。

　　白沙溪茶厂就坐落在这溪与江的交汇处，故此得名。且依山傍水，享资水之秀美，纳山川之灵气。白沙溪村境内山峦起伏，常年云雾缭绕，人杰地灵，景色怡人。

　　安化县位于资水中游，湘中偏北，雪峰山北段，属湖南省益阳市管辖，也是益阳市唯一的一个国家级贫困县。

　　与其他地方建制不同，安化是先有茶，后有县，黑茶文化源远流长。在唐代，安化黑茶被称为"渠江薄片"，留下了"渠江薄片，一斤八十枚"的记载。

　　宋熙宁六年（1073），安化建县后，朝廷在资水北岸建立博易场（即茶市），用米、盐、布、帛交换（专卖）安化茶叶。当时以"渠江薄片"为代表的安化蒸青饼茶还不是现代黑茶，但是，安化茶叶凭借天然的优厚条件，随历史进程而逐渐发展起来。

　　清朝嘉庆年间，安化茶人创制了安化千两茶以及天尖、贡尖、生尖等世界独一无二的黑茶珍品。千两茶以外形古朴大气、制造工艺特殊而享有"中国茶文化的化身"和"世界茶王"的盛誉，是中国茶文化百花园中的一朵奇葩，其制作技艺列入国家非物质文化遗产保护名录。

　　建国初期是安化黑茶边销茶大发展时期。边销茶，又叫边茶，因用于供

应边疆少数民族饮用而得名，属紧压茶，是茶叶的一种，因其种类形状像砖样，传统的重量一般分4市斤、2市斤、1市斤一块，俗称砖茶；因主要在我国边疆、高原、牧区销售，也是专供茶；由于该类茶叶的大宗品种主要销往边疆少数民族地区，故于商业经营中称为"边销茶"。

正是因为具有降脂助消化的功劳，近年来安化黑茶越来越受青睐。边销茶满足了少数民族群众生产生活需要，促进少数民族地区的经济发展，增强了民族团结，但利润空间微薄。

一个小淹的读书人站了出来，他念过私塾，留过东洋，主动放弃了高薪聘请，回到家乡振臂高呼，要实业救国，他就是被后世誉为"中国黑茶理论之父"的彭先泽。1939年，他在家乡创建了湖南第一家现代意义上的砖茶厂，即白沙溪茶厂的前身。

新中国成立后，彭先泽创办的白沙溪茶厂成为国家军管企业，继续肩负起国家生产边销茶的任务，为边疆民族团结事业默默耕耘。在中国计划经济时代，白沙溪在黑茶生产上独立存在了近三十年，业内称之为黑茶的"空白期"。白沙溪茶厂早在1956年就被评为全国优秀茶厂，在我国紧压茶生产发展史上占有极其重要的地位，为维护民族团结和社会主义经济建设做出了重大贡献！

古法工艺的千两茶

　　拥七十余年的悠久历史的白沙溪茶厂是中国黑茶的发祥地，湖南紧压茶的摇篮，创造了数个第一，即第一片黑砖茶、第一片茯砖茶、第一片花砖茶；挖掘、继承和发展了民间传统茶叶产品天尖、贡尖、生尖茶和花卷茶（俗称千两茶）。文革期间，天、贡、生三尖被认为是封建文化的产物，白沙溪人采用巧妙的方式保留了传统黑茶生产技艺，机智地将三尖分别命名为湘尖一、二、三号，直到1983年三尖产品才被正名，可以说没有白沙溪人的睿智，中国也许将会缺少"三尖"的独特身影。在那个百废待兴的年代，白沙溪人的创造能量爆发得更加猛烈。

三驾马车

　　而在计划经济向市场经济转变的过程中，安化黑茶经历了漫长的阵痛期，甚至一度跌落到谷底，作为安化黑茶的龙头企业，白沙溪茶厂跟当时全国其他的国有茶厂一样陷入了巨大的生存困境，最困难的时候甚至连员工的工资都开不出。没有资金，原料收不上来，产品销不出去，销区和厂里积压了很多库存。安化当地的小厂规格乱、价格低、原料档次低，严重影响白沙溪的市场。

　　白沙溪敏锐地发现，整个黑茶行业趋势发生了大变化：消费群体发生变化，产品价格发生变化，产品规格发生变化，产品的附加值发生变化。

　　消费升级了，消费结构变化了，黑茶原来主要是边疆吃牛羊肉的少数民族饮用，2003年以后，一部分内地的有钱人开始喝黑茶。黑茶原料档次开始提高，形状也有了创新，原来的"三砖、三尖、一花卷"，就是一个长条、一块砖，没有袋泡、小块等很方便的形状。白沙溪主动变革，创新产品，适应市场，让尽可能多的群体饮用黑茶，逐步打开内销市场，企业度过了难关，并驶入历史的快车道。白沙溪从2007年到2013年，规模增长几十倍，成为稳居第一的安化黑茶的第一品牌。

　　"我们坚持做到'宁可缺货、不能缺德'，坚信质量是企业的生命。我们坚持要让消费者买到满意、放心的产品，品质始终摆在白沙溪发展的第一位，这是立足之本，也是我们品牌持久的保障"，白沙溪第五代掌门人刘新安自信而坚毅。正是因为有这种信念，他一直坚持下来，心无旁骛地守着这个老厂，放弃了很多唾手可得的机会。

　　刘新安的父母是白沙溪茶厂的职工，有关黑茶及白沙溪的历史，他自小

就耳濡目染。源于对黑茶及白沙溪深厚的情愫，1980 年，17 岁的刘新安高中毕业后进入茶厂。他从最基层的工作做起，融入到了悠久的黑茶文化之中。1987 年 8 月，他升任白沙溪茶厂副厂长。2003 年至 2006 年期间，刘新安亲自带领茶厂一班人坚持生产与改革并举，利用茶厂世代留下的宝贵资源，开发研制新产品。2007 年，白沙溪茶厂成功改制，由湘茶集团控股，成立了湖南省白沙溪茶厂有限责任公司，刘新安任总经理。2010 年，刘新安荣获"中国茶叶行业年度经济人物"称号。2010 年后刘新安获得的荣誉可以挂一面墙。

33 年来，他一直和黑茶，和白沙溪患难与共。在刘新安看来，只要是民族的、文化的、历史的、世界的，就肯定有市场。

肖益平，白沙溪茶厂主营生产的常务副总理。千两茶被誉为"世界茶王"，不仅仅是因为千两茶是世界上体积重量最大的茶，更因为它是世界上制茶工艺最复杂的茶。由于政治、经济等大环境的原因，千两茶一直处于停产状态。1997 年，白沙溪茶厂主管生产的常务副总经理肖益平在前人经验的基础上复活了千两茶的工艺，自此，白沙溪茶厂的千两茶迅速崛起并成为中国茶的又一瑰宝。2008 年，白沙溪千两茶制作技艺，被列入国家非物质文化遗产名录，肖益平带头参与了国家黑茶技术标准的制定，同时也是国家级非物质文化遗产千两茶技艺代表性传承人。如果说千两茶的重生是一次对于先辈智慧的传承，那么白沙溪天茯茶就是一次现代完美的创新。"离了泾阳水，黑茶无根不发花"的魔咒被白沙溪人打破。肖益平带领的白沙溪技术团队在传统手工筑制茯砖的基础上，改进茯砖原料等级和工艺，在千百次的探索中，肖益平不断尝试毛茶的不同发酵温度和湿度，最终研发出白沙溪的明星产品 ——天

资江，安化的母亲河，在陆路不发达的过去，白沙溪的茶通过资江到洞庭湖、长江，销往全中国。图为蒋同团队在资江旁。

茯茶，得到了市场的高度认可。

肖益平这样总结自己："奋斗一辈子，就为了几片树叶子，白沙溪黑茶的品质和品牌的成功不是我一个人的功劳，没有先辈茶人的制茶经验、白沙溪的团队协作，也就没有我潜心研究和创新的平台，我需要做的就是在困难的时候对黑茶坚守，在跨步前进时以身为范、身先士卒，勤耕细作。"

王双如，白沙溪主管营销的副总经理，一年365天，有大半时间都在出差途中。白沙溪全国的市场、经销商的门店，他悉数走遍，情况了如指掌。王双如1980年进厂，此后经历老厂白沙溪最后十年的夕照式辉煌，到1990年正式接手销售工作时，白沙溪正走向衰落。他洞察经济环境变迁，积极与黑茶市场的无形之手进行博弈，使白沙溪完成从计划经济时代的国家定点销售模式向市场经济时代的自主布点营销模式的转型和突围，逐步形成广东、湖南、北京、上海等几个大型网点，并以此为基础向全国乃至世界辐射。这也是2007年白沙溪成功改制的关键一步。随着安化黑茶的走红和互联网技术的发展，一些在其他行业成功实践的新型营销模式开始进入黑茶行业。但是黑茶市场的操盘老手王双如不为所动，表示白沙溪积极融合线上模式之余，会以传统渠道为主，希望扎扎实实做市场，培养消费人群，壮大产业基础。他在行业率先推动营销创新，推动白沙溪进行厂商价值一体化的变革，"如果我们和经销商不捆在一起，组成紧密的共同体，市场就不会稳定。"王双如认为，正是"厂商价值一体化"帮助白沙溪度过了2015年黑茶市场的凛冽寒冬。

厂商价值一体化

白沙溪从 2007 年到 2013 年，规模增长几十倍，成为稳居第一的安化黑茶的第一品牌。企业总是带着问题奔跑，企业在发展的过程中，不断面临着问题，茶厂内部的组织结构、营销系统、销售流程等方面，已不能满足白沙溪对于更高市场销售增长的需求。

白沙溪副总经理、营销总监王双如说得好："矛盾是社会进步的动力，人存在社会的价值就是解决矛盾推动社会前进。我们白沙溪人不怕矛盾，矛盾出现了，我们想办法解决。一个一个的矛盾解决了，白沙溪也就进步了。"

快速增长总是掩盖很多问题，成功掩盖一切。这些问题一旦受到行业周期影响，将暴露无遗，犹如海潮退去，就知道谁在裸泳。

2013 年，新政出台，八项规定严控"三公"消费，这让过去过分依赖政务礼品消费的茶行业一下子陷入寒冬。白沙溪也不例外。

圣人畏因，小人畏果，真正让白沙溪人担忧的还不是这个。经过几年的发展，早年做白沙溪产品的代理商，伴随着白沙溪的发展壮大，自身也发展壮大。这其中的原因，一方面是经销商在各自区域的努力，更重要的是白沙溪的品牌知名度的扩大以及安化黑茶整个品类的崛起。

人性是有弱点的，跟整个行业一样，白沙溪经销商有三种类型：

第一种：靠着白沙溪起家，完成原始积累，然后单飞，找个小作坊贴牌生产，做一个品牌，独立门户，用做白沙溪积累的市场渠道资源做自己的牌子，成为白沙溪的竞争对手。

第二种：利用白沙溪早年的低门槛起家，完成了一定的财富积累，想另立门户，自创品牌，但是又舍不得放下白沙溪的每年轻松可得的利益。于是，

反复推演、论证，方案不但要解决眼前问题，更要有长远价值

选择两条腿走路，一条腿是自己继续经销白沙溪，另外一条腿安排家人再搞一个自己的品牌，利用白沙溪的品牌影响力带动自己的牌子拓展市场，蚕食白沙溪的品牌影响力和市场。有朝一日，独立品牌做大，会毫不犹豫放弃白沙溪。

第三种：真心喜欢黑茶、热爱黑茶，认同白沙溪的历史，忠诚于白沙溪的品牌，自己很清楚自己的定位，安安稳稳地做白沙溪的经销商，认真执行白沙溪的政策，赚自己该赚的钱。

白沙溪的经销商大多是夫妻起家，没有本钱。早年白沙溪弱小，门槛很低，政策给得足，利益的驱动下，经销商自己也很卖力，因此迅速地赚取了第一桶金。在物质上获得了巨大的利益后，这些经销商失去了早年的危机感，拼搏劲下降，没有完成"游击队"向"正规军"的升级（也有经销商热衷于读各种总裁班，基本是混人脉的心态，没有实际的学习价值），不懂现代企业的经营管理，靠着关系经营，组织上极其松散。一头向厂家要政策，一头向下游的终端商卡政策，自己赚取政策的差价。为追求利益最大化，经销商跨区低价卖货，窜货乱价，影响了其他区域经销商利益。你乱我也乱，最后越演越烈，严重扰乱了白沙溪整体市场。

虽然，白沙溪仍旧处在快速的发展中，但是白沙溪未雨绸缪，想从根本上解决这一问题，为未来的发展做好系统上和制度上的准备，不把问题留给继任者。

因此，白沙溪的营销战略命题是：如何从现有的模式推进一种新型的营销模式，建立厂商互信、互赢，目标一致，保持未来3至5年持续发展。

2014年，白沙溪携手和君咨询蒋同团队，启动营销战略项目。

涅槃后的春天

　　白沙溪作为安化黑茶第一品牌，品牌影响力最大，营销系统在全国布局，特别在部分地区优势更为明显。白沙溪品牌的成功，得益于在黑茶崛起时的抢先顺势发力，优先占领了消费者和市场，在黑茶市场一枝独秀。白沙溪传承的优良品质、合适的产品价格、具有投资价值的收藏产品以及真正服务于经销商的营销组织，成为业绩增长的驱动力。

　　方案的落地效果来自于双方的共同努力，白沙溪恪守"精诚携手、共赢天下"的营销理念，坚持互利双赢的原则，狠抓营销团队建设，已建立起以营销中心作为核心堡垒，以形象店、专卖店为推广基础的主流营销模式。同时组织全国的代理商、经销商，帮助经销商建渠道、建队伍、找方法。厂家和商家来共同管理市场，经营市场，搞好终端，形成互动，使得白沙溪真正成为经销商的后盾。

　　白沙溪副总经理、营销总监王双如说："当时反对意见很大，因为去年市场环境不好。现在，我们觉得'厂商价值一体化'还是对的。如果我们和经销商不捆在一起，组成紧密的共同体，市场就不会稳定。如果经销商不付出努力，不培养自己的团队，品牌推广也难有成效。"

　　现在，白沙溪产品畅销于新疆、内蒙、西藏、甘肃、陕西、青海、宁夏、广东、广西、江西、北京、山东、上海、河南、河北、福建、海南、湖南、湖北、东三省等省、市和自治区，拥有营销网点2000多家，营销网络遍及全国。部分产品远销日本、韩国、德国、蒙古、俄罗斯、东南亚等国家或地区，以及台湾、香港、澳门特区。

　　如果说，白沙溪改制初期，困难重重，白沙溪靠与时俱进，敏锐地创新产品，

厂商一起学习、共同成长，并形成制度长期坚持

执着地培育市场，为安化黑茶打开市场。如今白沙溪如日中天，则不骄不躁，坚守传统渠道，推行稳健的"厂商价值一体化"模式，以期夯实安化黑茶的市场基础。白沙溪走出了一条与时俱进，扎实稳健的安化黑茶营销路。在中国茶产业迅速发展的初级阶段，白沙溪是一个非常有典型意义的案例，是值得研究和学习的标杆企业。

白沙溪的发展起到了示范带头作用。稳坐安化黑茶第一品牌交椅的白沙溪成为当地的带头大哥，安化诸多的茶企以白沙溪为学习标杆，纷纷在后面跟随，形成了中国茶叶的安化军团。

安化政府出台了一系列政策推动黑茶产业发展，安化黑茶逐渐走上了发展的快车道，知名度也越来越高。全县茶园面积从 2007 年的 10.9 万亩发展到 2015 年的 28 万亩；茶叶加工企业 108 家，厂房总面积 35 万平方米，年加工能力 10 万吨以上；茶叶加工量由 2007 年的 1.1 万吨增加到 2015 年的 5.6 万吨，茶产业综合产值突破 100 亿元，茶产业税收已连续几年过亿，稳居全国重点产茶县十强，黑茶产量位列全国第一。

据不完全统计，安化黑茶专卖店已有 5000 多家，营销网点和网店 10 万个以上。

在茶产业的带动下，全县大量农村劳动力从传统的种、养殖业转移到绿色包装、茶叶加工、现代物流、营销仓储等行业，以及茶馆茶楼、茶旅餐宿等服务行业，农民从田间走向"车间"，成为名副其实的产业工人。目前全县从事黑茶及关联产业人员达 32 万人，劳务收入 30 亿元以上。

涅槃后的安化黑茶，迎来了新的春天！

第十一章

下关沱茶：百年老字号的复兴

大理，一年四季吹拂不息的下关风，为茶叶的干燥提供了独一无二的天然条件。

一部下关茶厂史，就是一部中国现代制茶史。

滇中三宝：白药、云烟、沱茶

　　追溯下关沱茶的百年历史，就不得不提驰名中外的茶马古道。茶马古道，始于唐代，发展于宋元，兴旺于明清，是一条滇、藏、川以及东南亚之间物资往来的古商道和传播中国东西部民族文化的通道。其起于云南勐腊的"六大茶山"，经思茅（今普洱）、临沧、大理、丽江、迪庆至西藏拉萨，并延伸幅射到印度、尼泊尔乃至西亚地区。

　　云南的迪庆和西藏多为高海拔地区，气候寒冷，藏民主要以牛羊肉和青稞为主食。由于缺乏蔬菜瓜果等绿色食物，他们的一日三餐离不开酥油茶。茶既可以化解油腻，又可以补充人体所需要的维生素。因此，在藏区一直流传着一句谚语，汉语意思是：茶是血！茶是肉！茶是生命！

　　茶马古道是物流极不发达时期的历史产物。由于云南、西藏均为高原地区，山高坡陡，林茂路窄，销往藏区的滇茶均由马帮驮运。由于从滇南茶区到西藏路途遥远，马帮往返一趟将近半年时间，运费大大超过茶叶本身的价值，使得茶叶在这些民族地区十分珍贵。

　　据史料记载，在清朝末期以前，茶马古道上的滇茶交易主要在思茅的普洱进行。茶商购运的普洱茶通过下关，运往丽江、迪庆进入西藏。清咸丰年间，滇南瘟瘴肆虐，匪盗横行，外地客商和马帮不敢涉足，因此，滇茶交易逐渐西移至云南大理的下关进行。

　　下关，史称龙尾关，西有苍山天然屏障，东有洱海横亘南北。由于茶马古道和古代南方丝绸之路在这里交汇，所以下关一直以来都是滇西的咽喉要道和商贸码头，手工业发达。随着滇茶交易的西移，南北茶商和马帮越来越多地到下关进行茶马互市，加上大理一年四季吹拂不息的下关风，正好为茶

叶的干燥提供了独一无二的天然条件。于是，下关就逐步取代普洱，成为云南最大的茶叶加工中心和茶叶集散地。

茶马古道上的茶叶运输，最初是以散茶（即没有加工成形的茶）驮运进藏的。散茶运销最大的难题一是茶叶体积泡松，马匹驮运的茶叶数量有限，无形中加大了运输成本；二是茶叶在运输途中风吹雨淋，受潮霉变，常使茶商蒙受损失。

清光绪二十八年（1902），大理巨商"永昌祥"商号在一种称为"姑娘团茶"的形态基础上经过改进，创制成外圆内凹呈碗臼形的"砣茶"。"砣茶"的创制定型不仅解决了茶叶在运输途中运量有限和茶叶受损的问题，而且经过特殊工艺加工的，"砣茶"具有一种特殊的内质。

说到"永昌祥"商号，就不得不提大理的喜洲商帮。喜洲是大理闻名中外的古镇，民国时期的各大商帮中，数喜洲商帮的经营最有方略，实力也最强。也正是喜洲商帮把"砣茶"的销售推向了滇、川、藏及东南亚国家。砣茶经昆明、昭通销往四川的泸州、宜宾，重庆等地。因宜宾地处沱江、长江汇合处，"砣茶"广受当地百姓欢迎，于是有"沱江水，下关茶，香高味醇品质佳"在当地广为传颂。"砣茶"也就逐渐演变为了"沱茶"。

下关沱茶选用云南省临沧、保山、思茅等30多个县出产的名茶为原料，经过人工揉制、机器压紧数道工序而成，形如碗状，造型优美，色泽乌润显毫，香气清醇馥郁，汤色橙黄清亮，滋味醇爽回甘。常饮具有明目清心、提神养颜、抑菌治病之保健作用。在国外，人称"减肥茶"、"美容茶"、"益寿茶"。在云南，下关沱茶与云南白药、云烟一起被誉为"滇中三宝"。

下关沱茶是边疆藏、彝、傈僳、纳西等民族离不开的生活必需品，它的诞生，促进了茶马古道南来北往的物资交流。同时，下关也因出产沱茶而扬名海内外，在中国制茶业中享有重要的一席。

1941 年 5 月，由蒙藏委员会和云南中国茶叶贸易股份有限公司各出资 15 万元合资建立的"康藏茶厂"正式成立。康藏茶厂就是下关茶厂的前身，主要为藏区生产紧压茶和砖茶。1951 年春，人民政府接管茶厂，改名为"中国茶业公司云南省分公司下关茶厂"。十一届三中全会以后，云南省下关茶厂迎来了全面深化国有企业经营机制的改革，全面建立现代企业制度，转换经营机制。1994 年 8 月 30 日，云南下关沱茶股份有限公司正式挂牌成立。2004 年改制重组成云南下关沱茶（集团）股份有限公司。

在一代下关人的不懈努力下，公司现拥有当今世界先进的茶叶加工设备和一大批专业技术人员及管理人才，是农业产业化国家重点龙头企业和国家扶贫龙头企业，国家边销茶定点生产和原料储备企业。2007 年，公司被国家农业部认定为"国家农产品加工技术研发分中心"。

公司产品包括各种紧压茶、绿茶、特种茶、袋泡茶等共四大类近 200 个品种，其中创制于 1902 年的"松鹤"下关沱茶，是拥有百年历史的知名品牌，从 20 世纪 80 年代起先后三次荣获国家质量银质奖，三次荣获世界食品金冠奖；获国家质监总局"原产地标记产品"注册和中国绿色食品发展中心批准认证的中国绿色食品称号；获得"中国茶叶名牌"、首批"云南省名牌产品"等 30 余项省部级以上荣誉；2008 年被国家农业部授予"中国名牌农产品"称号。2003 年以来，公司先后通过了 ISO 9001 ∶ 2000 国际质量体系认证、全国食品安全生产许可证（QS 认证）。"松鹤（图）"商标 2003 年、2006 年两次被评定为"云南省著名商标"。

云南下关沱茶（集团）股份有限公司作为国家民委、国家经贸委等七部委指定的边销茶定点生产企业，自建厂以来产品一直销往西南、西北等少数

民族地区，深受藏、彝、回、傈僳、普米等民族同胞的喜爱；"宝焰牌"下关砖茶被评为"中国茶叶名牌"、"云南省名牌产品"、"云南省消费者最喜爱商品"，"宝焰牌"商标2004年、2007年两次被评定为"云南省著名商标"。2011年3月，国家商务部公布第二批"中华老字号"，下关沱茶榜上有名；2011年5月，国务院公布的第三批非物质文化遗产名录中，下关沱茶制作技艺荣耀入选。

下关沱茶连锁专卖店遍及全国30个省、市、自治区，并出口欧盟、日本、韩国、马来西亚等10多个国家及台、港、澳地区，享有良好声誉。

谋定后动，
决胜未来

　　2012 年 5 月，蒋同与同事姚兴全赴大理，董事长陈国风和总经理褚九云在洱海边设宴接风。大理有"风花雪月"：下关风、上关花、苍山雪、洱海月，窗外洱海湛蓝透底，远处苍山白雪皑皑，景色堪称大美。但此时此刻，蒋同团队一点雅致的心情也没有。下关茶厂拥有 110 多年历史，一部下关茶厂的历史就是一部中国现代制茶的历史，下关沱茶已经成为了中国茶叶的一面旗帜，这个项目责任重大。几句寒暄，三杯白酒下肚，双方进入了坦诚沟通状态。

　　董事长陈国风的父母都是旧中国中央大学的高才生，自己就读于中国茶叶的"黄埔军校"安徽农业大学茶学系，因为成绩优异，毕业分配到了当时中国发展最好的国营茶厂——下关茶厂。总经理褚九云，傈僳族，在饥一顿饱一顿中考上了安徽农业大学茶学系，成为寨子里有史以来第一个大学生，以优异的成绩毕业后分配到了下关茶厂。

　　两人在下关茶厂从车间工人干起。老国营企业的优良作风，师傅带徒弟的手把手帮传带，天资加上努力，陈国风干得很出色，一干就是二十多年，把师傅当成了父母，把工厂当成了家，自己的人生也与下关沱茶融为一体。他和褚九云二人接过前辈冯炎培、罗乃炘的接力棒，成为新一代下关掌舵人。百年的下关沱茶能否在他们这一辈中继续发扬光大？肩膀上是沉甸甸的责任。

　　下关沱茶是中国茶业的一个有着深厚历史积淀的老字号，产品深受市场欢迎，积累了不错的市场基础、品牌资产。但在计划经济向市场经济转变过程中，下关沱茶包袱沉重，经营上一度出现压力。

　　面对激烈的市场竞争，下关的历届管理班子想过很多解决方案，并付诸实施，比如引入战略性股东，调整营销政策，生产适销对路的产品……种种措施，取得了不错的效果。

但在陈国风、褚九云看来，百年下关沱茶要更好地发展，必须要与时俱进。这就要在战略层面进行一次创新和变革，方能迎接即将到来的中国茶业的历史大时代。

而现在的下关沱茶，是有条件进行创新和变革的。外部的产业背景：2007 年普洱茶行业性泡沫破灭后，整个行业变得清醒、理性，市场越来越倾向接受下关沱茶这样既有历史沉淀又有产品质量保证的品牌。内部环境：下关这一代人，在茶厂工作了一辈子，对茶厂充满感情，视厂如家；他们正当年，团队上下士气高昂。

2012 年 7 月，蒋同团队进驻下关沱茶集团，启动了全面的品牌战略和营销战略咨询服务。

项目内容

1. 制定营销战略、品牌策略、产品策略、价格策略、渠道策略、推广策略，使业务模式得以高效运转。

2. 品牌升级、产品升级、终端升级、渠道升级。

3. 根据地市场运作。

4. 优化组织架构，全面梳理业务流程，建立营销中心，搭建稳定高效的经营管理团队，持续发育经营管理系统和组织能力，同时不断储备人才。

提升三个能力

提升区域市场的洞悉力：通过市场调查等手段，探究普洱茶品类研、产、销各个环节现状，探究云茶其他品类、省外茶叶品类间在云南区域市场的竞争态势，为营销规划提供信息支持。

提升营销活动掌控能力：依据内外信息，辨别、分析、选择和发掘市场机会，进而制定下关沱茶的长期发展方向、成长路径及各个阶段的目标，并通过品牌规划、渠道规划、产品规划、营销费用预算控制等来执行和控制下关营销活动的全过程。

冯炎培老厂长（左2）带领下关茶厂恢复了沱茶的传统拼配工艺。他在任期间，下关茶厂是全国地方国有茶厂唯一赢利的茶厂。

蒋同团队深度调研了下关沱茶十多个省的市场，收集第一手资料，作为营销战略的决策依据。

陈国风董事长做项目动员发言。

下关沱茶集团品牌新 logo

——设计大师张达利作品

"大气明理，知己好茶"是对原广告语"百年经典，下关沱茶"内涵的挖掘与概括，也是下关沱茶成就百年经典的秘笈。一百多年来，下关沱茶一直坚持大气明理做人，一心一意做茶，在行业里出类拔萃。

"大气明理，知己好茶"借势于向国内外宣传和展示大理的大理精神；突出了下关沱茶无与伦比的自然条件和不可复制的原产地环境；强调了崇尚"大气明理"的品质是做成"知己好茶"的前提条件和必然结果。

"大气明理，知己好茶"体现了下关沱茶的理念和核心价值观，是从茶性到人性的精神升华。它不仅是下关沱茶人修炼自身的愿望与追求，也是对品饮下关沱茶的天下茶人健康的关心，是源自心灵的祝福！

提升组织执行力：帮助下关沱茶在最短时间内孵化出自主能力和内生力量，为下关沱茶高速发展打好资源和团队基础。

项目效果

1. 品牌焕然一新，百年老字号全面复活。

2. 品牌溢价能力提高，产品线逐渐丰富，也适应市场形势推出了"上善冰岛"、"大成班章"、"金榜甲沱"等新产品。产品价格提升，渠道动力激活，2013 年，下关沱茶专卖店雨后春笋般地在全国开业，业绩高速增长。

3. 团队营销能力得到提升，组织活力焕发，公司经营渐入佳境。

4. 2013 年，当选普洱十大领军品牌之一。

拼配与下关沱茶的未来展望

目前市场上部分茶友对普洱茶的拼配的认识有一定误区，认为拼配总是与廉价挂钩。普洱茶的拼配，有降低运营成本的因素，更重要的是使普洱茶品的口感、香气等各方面层次更为丰富、稳定，从而形成自己独特的风格和口感，增强市场辨别度，构建一群喜欢这类风格的茶友圈。现在如日中天的"88青"、"雪印"也不过是当年勐海茶厂拼配的7542、7532而已。再看下关沱茶，下关茶厂因远离原料产区，其茶品基本都是大区域的拼配，最终形成了如今下关茶的独特风味，以及稳定的消费群体，至今还有"无烟不下关"之说。好的拼配可以让普洱茶的后期转化有更佳的表现。

普洱茶市场未来的发展，拼配始终是大趋势，拼配茶更符合市场化的需求，而纯料等概念茶拥有小众市场。现在的普洱茶行业，急缺严谨科学的拼配技术和拼配人。

下关沱茶传承百年经典工艺，与时俱进不断创新，我们相信，下关沱茶集团这棵老树定会枝繁叶茂。它不仅是中国传统名优茶的杰出代表，更是中国最有影响力的现代茶业集团之一。

第二章

信阳红，为民而生，一炮而红

信阳是名茶的故乡，茶是信阳的象征。信阳毛尖以优良的品质享誉海内外，屡获国内外殊荣：1915 年荣获巴拿马万国博览会金奖后，1959 年被评为全国十大名茶之一……

　　信阳种茶历史悠久，种植广泛，工艺独特，品质好。信阳毛尖对采摘和工艺要求都很高，企业一般都只采春季茶，而夏、秋季茶基本都扔掉了，每年茶叶的利用率不到 60%。信阳茶农收入少和茶叶企业的弱势，直接导致信阳毛尖绿茶整体"话语权"的缺失。

　　2009 年 12 月 27 日，时任河南省委书记卢展工到信阳视察时，在了解到信阳作为我国最北的产茶区，一直以生产绿茶为主，主要采摘春季鲜叶加工生产绿茶，制作信阳毛尖，很少采摘夏、秋茶，茶叶产量、销量和运输、贮存等受到很大限制的情况后，点题指出信阳要加大夏、秋茶采摘力度，尝试开发新的茶叶产品，增加群众收入，可以开发信阳红茶。卢展工给"新生命"起了个厚重而鲜亮的名字：信阳红。

　　2010 年，信阳红茶试制成功后，卢书记不仅约请来全国知名茶叶专家一同品尝，更是带头向来自全国各地的朋友推荐"信阳红"红茶。

2010 年 8 月，应河南省信阳市委、市政府之邀，蒋同团队一行赴信阳参加信阳红产业发展的头脑风暴会。八月的信阳，酷暑难耐，凑巧的是那天停电。当我们西装领带提着电脑包爬楼梯上了十七楼会议室时，时任信阳市委书记王铁、市长郭瑞民及主要部门领导已经满满一屋子，停电而没有冷气，大家都是"热火朝天"，这便是我们和"信阳红"的第一次相逢。仅仅两个月后的十月国庆，"信阳红风暴"开始，"信阳红"席卷神州……

创新：
无中为何不能生有

中国绿茶成百上千，为何独独在信阳率先诞生了"信阳红"呢？

信阳是著名的绿茶之乡，其孕育出的绿茶珍品"信阳毛尖"，被誉为"绿茶之王"，是全国十大名茶之一。然而，茶农收入少和茶叶企业的弱势，直接导致信阳毛尖整体"话语权"的缺失。信阳毛尖历史悠久，种植广泛，工艺独特，品质好，但在全国不同组织、级别举办的绿茶十大品牌评选中它却时有时无，在国人中的知名度也不很高。加之信阳毛尖对采摘和工艺要求都很高，企业一般都只采春季茶，而夏、秋季茶基本都扔掉了，每年茶叶的利用率不到60%，茶农积极性严重受挫。2009年12月，时任河南省委书记卢展工的一次"红茶点题"，引发茶乡观念巨大变革，绿茶之乡开始试制红茶，并于2010年4月研制成功，命名为"信阳红"。在信阳市委、市政府和各产茶县区党委、政府的强力推动下，"信阳红"红茶研发、生产工作进展顺利。

所有的历史在当年都是创新，不能创新、不能与时俱进最终会被历史所淘汰。信阳开发生产红茶有资源、有基础、有条件、有潜力，它既是绿茶信阳毛尖的有益补充，又是信阳茶产业再上新台阶的重大举措。"信阳红"有效弥补了绿茶难保鲜、产量低的不足，对扩大夏、秋茶资源利用，调整产品结构，开拓国内、国际茶叶市场，增加茶农收入，实现信阳由茶叶大市向茶叶强市跨越具有重大意义。"信阳红"的研发成功，不仅仅是推出一个新品，而是具有标志性意义的事件。信阳开发红茶，是突破传统思维，更新观念的一种尝试。

时任信阳市委书记王铁和市长郭瑞民亲自参与推广信阳红的品
牌。图为王铁与周立波论道信阳红,为信阳红迅速赢得了知名度。

全国人大代表、信阳文新茶业董事长刘文新向蒋同赠送极品信阳红"中原一号"

中华大地本无红茶，几百年前因为创新有了正山小种，再此后有了祁门红茶，此后，中国红茶更是风靡世界。进入 20 世纪，因为抗战需要资金，诞生了滇红。1949 年后，为了同苏联等社会主义国家换取外汇建设新中国，又诞生了英红、川红等。中国红茶一直是在持续创新中发展。而今，中国红茶大家族中又增加了新成员"信阳红"。信阳红是站在前辈的肩膀上发展，它继承了中国红茶博大精深的文化内涵，以"农民增收"为产业导向。

五云茶业世界一流的红茶生产线

中国茶业从来不缺少各类活动，但一直以来都是行业内人士自娱自乐，时效性短暂，影响力有限。

而"信阳红"在品牌打造的战术上有创新。"信阳红风暴"是信阳市委、市政府为了提升"信阳红"红茶品牌影响力而组织的高密度宣传推介活动。"信阳红风暴"具有浓郁的信阳的个性，让人感受到扑面而来的力量和信阳人要么不做，要做就做最好的自信 。

中国茶界可能是第一次接触到"跨界"这个词，"跨界"是让原本毫不相干的元素，相互渗透相互融合，从而给品牌一种立体感和纵深感。"跨界"代表一种新锐的生活态度与审美方式的融合。

我们来看看"信阳红"是如何跨界的。根据"信阳红风暴"活动总体工作方案，信阳市为了提高"信阳红"的知名度和美誉度，自2010年国庆开始，先后进行了信阳试茶、武汉卖茶、郑州赏茶、广州品茶、福州斗茶、上海秀茶、北京亮茶，不但产生了聚集效应，而且扩大了市场效应。而2011年12月底，"信阳红风暴"的北京论茶活动更是由CCTV著名主持人管彤、汪洋及海派清口大家周立波分别担纲主持，与商政名流、文化精英、茶界专家一起，围绕信阳红，问茶论茶，品茶评茶。"管彤问茶"、"立波论茶"、"汪洋评茶"将持续一年多的"信阳红风暴"宣传活动推向高潮，一下子将一个行业事件变成了社会关注的焦点。

信阳市市长郭瑞民在新浪微博用实名ID，郭瑞民是继漯河市长祁金立之后河南省第二位开通微博的市长。"粉丝"们对郭市长的微博不断地进行评论和转发，粉丝香港城市大学的"Cynda芷"说："信阳红味道的确很不错。"

CCTV著名主持人管彤主持信阳红风暴之北京论坛，时任信
阳市长郭瑞民与蒋同等行业意见领袖,为信阳红品牌推广造势。

　　让社会大众都能参与、关注，这才是真正的宣传价值，因为茶说到底是
要广大的消费者来消费，不只是行业内的人来喝的。"信阳红"注重基础又
不囿于基础、注重条件又不局限于条件，在营销战术上，一改行业自娱自乐
的营销模式，通过跨界营销等创新战术，带动更多消费者的参与，贴近民生，
让茶真正走入千家万户，可称之为中国茶行业"跨界营销"的第一案例。

茶产业的本质是农业，茶农不能致富，不能幸福，茶产业一定做不大，这不仅会给地方经济拖后腿，还会造成社会问题。正因为如此，中国各产茶区政府都非常重视茶业的发展。

然而，中国茶产业的产业格局是"小散乱弱"，各地的茶企成百上千，各自为阵，缺少合力，加上中国小农经济的传统，茶企业缺乏商业运营能力，基本都是作坊式经营。

品牌打造一需要能力，二需要资本，这两点对于某一家茶企来说很难都具备。而政府是可以集中资源干大事情的。于是乎，我们看到各地茶区政府、父母官亲自操盘，一人兼三个角色，政府、企业、茶农的事情一人全包了。每年搞活动、搞论坛、参加展会……一轮又一轮，这方唱罢那方又登场。但是因为缺少系统的规划，没有合理的角色的分工，效果都不明显。活动一过，茶农还是茶农，企业还是企业。政府一片好心，钱也花了不少，但事情没有办出好效果。

"信阳红"由政府推动，企业唱戏，茶农参与，开创了中国区域茶业品牌由政府、企业、茶农三者完美协调，为了"茶农增收，品牌做响、企业做强"这样一个共同的诉求，共唱一台戏的模式，在中国茶产业发展上具有里程碑意义。信阳的茶农是中国最幸福的茶农。

信阳政府在信阳红品牌打造的过程中，是引导、支持和服务，让企业和茶农唱主角。政府则从全市层面集中人、财、物资源，有规划、有步骤，系统地推进信阳红的品牌建设，效果自然不同凡响。

信阳市为发展信阳红茶，集合了多方面的资源制定了多项发展措施，并

信阳地处大别山区,是革命老区,茶已经成为信阳
的一个支柱性民生产业。图为蒋同团队调研茶农。

为未来五年制订了"三步走"的工作计划。为具体落实这三步走的工作计划，信阳政府制订了七项发展措施。这七项措施囊括了产业发展的多个方面，包括：成立专门领导小组和企业对接；强化信贷支持；在财政和税收方面给予倾斜；抓好技术培训，保障产品质量；利用多种渠道宣传和打造信阳红品牌；在充分利用信阳毛尖销售平台的基础上，拓展多种销售渠道，包括电子商务渠道等等。

在大规模的开展"信阳红风暴"前，信阳政府邀请有实力的咨询公司提供宣传推广的智囊服务，并组织国内著名茶叶专家对"信阳红"所有生产企业的产品进行了鉴评，并由五云、文新两家龙头企业统领"信阳红"的生产销售工作，统一使用"信阳红"公用品牌，做到统一商标品牌、统一质量标准、统一产品包装、统一销售价格。不到一年时间，信阳红仅在北京、郑州便建立了100个以上的营销网点，其中展示、展销形象店不少于10家，全程参加"信阳红风暴"系列活动。政府主导的原产地品牌战略工程的支撑，有力地促进了信阳茶产业的发展。

　　如果中国能出一个世界级的消费品品牌，茶是第一个，红茶又是最有机会，因为全世界超过七成的人消费红茶。遗憾的是，祁红等名优红茶自鸦片战争后一蹶不振。

　　我们感慨为什么同属于中国民族性的产业白酒、食用油、凉茶、大米等产业的发展如日中天，几十亿上百亿的品牌比比皆是，而茶产业却进展缓慢？为什么茶叶原产地公共品牌比比皆是，但真正能强大到走出地域限制的却屈指可数？

　　改善中国茶业发展模式，做强茶叶品类，增强茶企竞争力与可持续发展能力，是眼下中国茶叶企业、政府部门等必须深入思考的命题。

　　俗话说，一家做生意，两家做行业，三家做产业。普洱茶、安化黑茶、铁观音之所以能从区域走向全国，主要原因是普洱茶、铁观音有一大批有实力的企业共同参与，普洱茶有勐库戎氏、大益、下关、澜沧古茶、龙润等一批龙头企业，铁观音有八马、铁观音集团、华祥苑等一批龙头企业。更为重要的是，仅安溪一个县就有几十万茶农走向全国开店做生意，几乎在中国每一个城市甚至县城，都能看到铁观音、普洱茶的专卖店。

　　信阳红开了个好头，接下来，政府要鼓励企业、茶农走出去，走出信阳、走出中原大地，走向全中国，面对更广大的市场。政府政策在这一块加大投入，鼓励走出去的企业、茶农。鼓励并动员全民参与，上到书记、市长，下到村支书、村主任、普通老百姓，都要成为信阳红品牌的传播者、销售员，打一场信阳红品牌的全民战争。

此外，农业产业化归根到底是要依靠龙头企业。龙头企业做不大，业绩做不上去，没有能力反哺上游茶农，更谈不上贡献税收、承担社会责任。信阳政府要集中资源重点扶持几家龙头企业，最终要形成：政府是推动者、企业是组织者、茶农是参与者，政府、企业、茶农三者完美统一的产业关系。

　　信阳红作为原产地品牌，其品类从无到有，从有到红，给中国茶产业发展注入了新活力，也带给了茶产业很多宝贵的启示。衷心地希望信阳红一路走好，越走越红！

信阳商城县委书记李高岭叮嘱蒋同团队，要把农民的组织工作做好，用茶产业带动农民致富。

后记：
天时、地利，
更重要的是人和

　　信阳是一个山区大市，又是革命老区，茶已经成为信阳的一个支柱性民生产业。本文写于 2011 年，时间过去五年，信阳茶产业获得了长足的发展，呈现出信阳毛尖、信阳红、茶叶外贸、茶叶深加工、茶叶旅游、茶叶交易、茶传媒等产业链条上各环节多头发展的局面，培育了五云、文新、卢氏等一批有全国影响力的企业，茗阳集团、九华山茶业等一批后起之秀也迅速崛起。信阳国际茶城已经成为国内最大的单体茶业综合体，是信阳茶产业的市场流通的活力平台。商城县在茗阳集团"茶旅集合"的战略带动下，走出了一条独具特色的产业路子。信阳电视台《天天茶天下》是国内第一个专业服务茶产业、服务茶农的专业栏目。

　　每一次咨询服务都是一次学习机会，在为信阳茶产业发展提供专业咨询服务的过程中，蒋同团队有机会深入地跟政府、企业打交道，感触很深，学习很多。如果没有信阳市领导的视野、政府的效率、企业家的魄力，信阳的茶产业就不可能发展到今天的规模。

在龙头企业的带动下，茶农的收入稳定，日子渐好，
举杯庆祝，感谢！

第十三章

秀岭春天…80后海归夫妻的幸福茶事业

渠县素有"汉阙之乡"的美称。

　　渠县，隶属四川达州市，以"古竇国都，汉阙之乡"而闻名，早在新石器时期，这片土地就有了人类活动，相当长的历史时期是川东北政治、经济、军事的中心，也是巴渠文化的发祥地。因古时为宕渠县，至今本地人仍习惯称呼渠县为宕渠。

　　四川是重要的产茶大省，从秦岭、岷山、大雪山，一直到贡嘎山、四姑娘山等山脉，一级级抬升的山峰宛如大地升向天空的阶梯，环绕着这些山脉内侧，即四川盆地的盆周山区和盆地丘陵区，分布着产茶县120多个。

　　但是，产茶和茶产业是两码事，产业背后是区域经济，是一方百姓的生活富裕，而这其中最关键的因素就是要有龙头企业的推动。因为有龙头企业的带动，乐山峨眉山产区、雅安蒙顶山产区和宜宾产区都获得了快速发展，公共品牌和企业品牌都走向了全国，茶叶成为这些区域富民的支柱产业。而以达州为代表的川东北富硒茶产业，多年以来，处于小、散、乱、弱状态，缺少龙头企业的带动，虽然盛产好茶，但是产业却一直没有崛起。

　　渠县茶叶栽培历史较为悠久，距今已有200多年。20世纪70年代中后期，渠县掀起了利用荒山荒坡发展经果林的热潮，开荒建茶园9000余亩。2012年的时候，全县茶叶面积有4200亩，让人痛心的是，全部茶园抛荒或无人经营管理。全县主要产茶乡镇有三汇镇、汇东乡、汇南乡、东安乡、琅琊乡、卷硐乡、双土乡、临巴镇、龙潭乡、大义乡等，有茶场54个，其中经营管理较好的茶场不到三分之一，大部分茶场、茶园管理低下或不管理。全县无一家龙头企业和标准化加工厂，系小农式自主经营。

渠县茶叶生产历史悠久，自然资源丰富，茶叶产业是渠县农村经济的一项重要特色产业，缺少龙头企业带动已成为制约渠县茶产业发展壮大的瓶颈。当地政府也有意改变这样的一个局面。2014年，达州市人民政府下发"关于大力实施富硒茶产业'双百'工程的意见"。2015年1月，"达州市富硒茶产业发展总体建设规划"出台，明确了全市茶叶产业发展"一带、两核、四区、十园"的空间布局。其中渠县为四个标准示范区之一，标准示范区将重点发展规模化、产业化茶基地，包括种植基地、茶叶初加工、仓储物流、批发交易、休闲旅游等产业；此外，规划在渠县建立一个精品茶园，将茶文化与宕渠文化进行融合，把渠县茶叶生产培育成规模化、标准化、市场化的重要产业，为渠县农村经济的繁荣、农民增收致富、新农村建设做出贡献。

农业产业化的根本是龙头企业的发展，没有龙头企业的带动，再好的政策也落不了地。本案例介绍的秀岭春天，就是区域农业产业化龙头企业发展的典型。这家企业的创始人是一对80后的海归夫妻，受过高等教育，生活本已很安逸，却在人迹罕至的川东高山上，经过三年艰苦经营，硬是将一个抛荒多年的龙寨茶园打造成集茶叶、茶旅游、茶文化教育为一体的新型生态农场，带动了周边村民致富。

这对80后夫妻名叫徐昊、廖梓婷，他们在留学新西兰的时候相识相爱并结为伉俪。

好了，我们赶紧说说他们的故事吧……

踏实做产品：做真正的有机茶，老百姓放心的好茶

最初，徐昊、廖梓婷已经定居在新西兰。徐昊经营着一家汽车零配件的公司，因为对市场的研究到位，公司产品适销对路，而且是正品行货，很快就打开了市场，覆盖全新西兰，公司在行业内很有影响力，业绩稳定，夫妻二人的生活过得安逸舒适。

2012 年，二人回国度假。也是前后这段时间，徐昊的岳父在渠县买下了别人急于脱手的一座茶山，山上有数千亩荒废的茶园。岳父就向徐昊提议："茶园荒废着非常浪费，不如你们来管理。"

汽车零配件产业已经进入成熟期，徐昊尝试过把新西兰公司的模式复制到澳大利亚，但反响不如预期。徐昊说，在新西兰生活是固定的，早茶，见一两个客户，午饭，见一两个客户，回公司，下班。徐昊觉得自己还很年轻，人生不甘心如此。

新西兰的农业非常发达，徐昊、廖梓婷在新西兰的很多朋友是从事畜牧、水果业的，所以，夫妻二人对新西兰的农业有一定的了解。二人也想过，把一些好的农业模式带到中国来。

新西兰的生活经验告诉他俩，不使用农药、化肥和除草剂的耕种方式是趋势，而这种趋势必须靠企业做。中国农业大部分还是农户的形式，无法主导这一趋势。而茶是中国最有特色的产品，正好赶上岳父手头上已经有了茶山，说干就干，夫妻两人创立了四川秀岭春天农业发展有限公司。

这几年，互联网、移动互联网的浪潮冲击着所有行业，互联网面馆、互联网精油、互联网水果……层出不穷。对于此类冠以"互联网"概念的项目，徐昊、廖梓婷有着自己清醒的认识。廖梓婷说："我在国外念书，知道发达

虽然去过全国一千多个产茶县，实地考察过无数个茶园茶山，但在 2014 年底，蒋同团队第一次面对秀岭春天龙寨茶场时，还是为眼前壮阔的景象折服。

徐昊其时很年轻

国家是非常重视食品安全的，茶叶作为农产品更是如此。而在国内，很多人确实在昧着良心，拿老百姓的健康开玩笑。我就告诫自己，要做真正的有机的茶叶，要让老百姓喝到心中有数的好茶。"

于是，这对海归夫妻的茶叶事业，没有去搞什么互联网，搞什么所谓的创新，而是从扎根茶山、种茶开始。

首先，是自己要搞懂。徐昊在茶叶种植、化学、加工、审评等方面下了不少苦功夫，求学重庆，寻访茶山，各种茶行业论坛讲座更是听了不下百余场次，但他深为之触动的还是种茶、制茶，为此夫妻二人进行了明确的分工。徐昊把大把的时间放在了茶园管理、认证和制茶专研、茶叶品质上面，为此他请来这方面的学者、制茶能人入职企业，虚心向他们求教，三年过去，经过 1000 多个日夜的操劳专研，如今徐昊已经是制茶、品茶的行家。

再请专家指导。秀岭春天聘请西南大学司辉清教授作为技术顾问，公司先后投入 3000 余万元对茶叶加工设备进行更新改造，先后完成了全自动采茶机研究、龙寨低产茶园改良技术研究、珠兰花茶加工关键技术研究、地膜覆盖技术在茶叶种植中的应用研究、复合型茶叶研究开发等项目，并逐步得到推广应用。申报省级科技项目 2 项、市级科技项目 4 项，申报发明专利 2 项，授权实用新型专利 10 项，外观设计专利 5 项。

公司坚持科学种养，茶树间距、光照、手工除草等都严格化标准，从产业链源头上保证茶叶的品质和健康。为此，夫妻二人并没有套用传统的"公司＋合作社＋基地＋农户"模式，而是引入新西兰农产模式，对茶园基地采用直营的公司化管理，农民全部成为工人。公司现有全职职工百人，采茶高峰期约 500 人， 30 年以上种植经验的茶树养护工人 10 余人，10 年以上种植经验的茶树养护工人 20 余人。

在人迹罕至的川东高山上，经过三年左右艰苦经营，秀岭春天龙寨茶园一跃成为全国一流，龙寨茶园占地总面积 15000 余亩，其中核心茶园 4000 亩，2014 年通过有机认证茶园面积为 988 亩，有机产品认证为 40 吨。龙寨茶园全部栽种四川特有的川小叶群种，并共育有 30 余万株杜仲树、杉树、柏树、松树，林茶共生，生态平衡。

秀岭春天的龙寨茶场地处华蓥山脉的深山中，被万亩天然公益林环绕，紧邻着国家 4 A 级旅游景区"渠县賨人谷风景区"。龙寨茶场海拔 1000 米以上，云雾缭绕，褐色土壤疏松肥沃，蕴含着丰富的矿物质营养元素和有机质，是高品质茶树的天然基地。

优秀的茶园保障了产品品质，秀岭春天获得各界认可。2013 年，在重庆首届茶文化品鉴会名优茶评比中，"秀岭春天"牌"秀岭龙芽"产品荣获金奖，公司被评为年度民营经济发展先进单位，荣获"百强农技协"称号。2014 年，公司取得有机认证，是全县唯一一家取得有机食品认证的企业，渠县茶叶学会被授予省级先进科普示范协会。2015 年，低产茶园改良技术研究成果荣获县科学技术进步二等奖，成功获批成立市级院士（专家）工作站，并通过了 ISO 9001 ： 2008 质量管理体系认证。2016 年，公司定位年轻人市场的"逸刻"产品荣获第二届亚太茶茗大奖和第十一届国际名茶评比银奖，定位本地旅游市场的"渠韵"产品荣获第五届中国（四川）国际茶业博览会金奖。

和农民打交道困难吗？徐昊笑了，说："讲道理是很困难的。但只要不装样子，时不时还爆几句粗口，一切就很好办了。"山下的村子在修路的时候，他出了 60 万，协助政府把路拓展到了 4.5 米宽。之前山上有个小学，没停办之前一段时间，都是徐昊给学生供应的午饭。

我问徐昊如何形容自己的个性。他笑了笑，回我说："直接、粗暴、看心情。"

茶园生活改变了徐昊、廖梓婷一家，他们活得更简单了，"这里不需要太多东西就能生活得很好，真正是因为喜欢茶叶而在坚持，越来越体会到身边的人有需求，能把健康的茶叶分享给他们"。

务实做市场：
立足本地，
做家乡人都爱喝的茶

徐昊认为，市场化是农业未来发展的主线，放眼四川茶叶市场，主要竞争品牌的成功路径都是基于消费者认知而逐步发展。在茶园种植、制茶队伍和技艺都趋于稳定时，徐昊、廖梓婷开始考虑市场，考虑更深层次的企业发展。

绿茶是四川的主要品类，几乎每个产茶县都有一个自己的品牌，川东地区除了"巴山雀舌"有一定知名度外，其他的品牌都没有叫响。而四川是个人口大省，渠县就是个 150 万人口的大县，加上达州市和辐射重庆，就有千万人口，超过了澳洲的人口数量，只要好好做，市场相当的大。

从世界其他国家看，法国的波尔多酒庄、澳洲的农庄，为了严格管控品质，规模都不是特别大，消费对象也是一部分人或者局限在某个区域。秀岭春天是个全新的品牌，缺少消费者认知，如果撒开市场做，只会是大海里撒盐巴，什么效果也没有。而且，茶园是有机标准，采摘要求高，产量也是有限的，也不适合大范围地做全国市场。

因此，秀岭春天一开始就是立足区域发展，坚持做渠县本地人都爱喝的茶。

2014 年底，蒋同团队抵达秀岭春天。徐昊、廖梓婷不只把这次合作当成一个咨询合作，更当作一个学习机会。夫妻二人与蒋同团队一同深入市场中调研、走访，了解茶叶一线市场、经销商与客户群体，制定发展战略，完善产品开发。对于如何提高秀岭春天在市场的影响力，如何开发新产品、适应市场发展，成为企业发展的当务之急。

在这片茶园里，徐昊、廖梓婷
夫妻收获着理想、事业和幸福

项目解决方案

1.找准根据地市场（渠县、达州），集中优势资源（优势区域、优势商圈、优势商场、优势产品）在高度分散市场的形势下迅速抢占市场占有率，以期实现高度垄断。如此滚动坐庄推进，达到区域市场第一；

2.提炼出根据地市场运作模式。制定品牌策略、产品策略、价格策略、渠道策略、推广策略，使业务模式得以高效运转；

3.产品规划：在区域市场要做到产品全覆盖，针对不同的消费人群制定不同产品系列。依托得天独厚的自然条件，根据原料、工艺等方面的差异，开发"秀岭洞茶"、"渠韵"、"逸刻"等系列产品，做细分市场的区隔。

4.推广策略：制定系统的整合营销推广计划，明确专卖店体系的营销策略。依托区域产业发展大势，融汇区域特色文化资源，突出秀岭春天高山生态茶园优势，塑造秀岭春天"宕渠第一高山生态茶"的品牌地位。

一系列扎实的营销动作，产生了良好的市场效果，秀岭春天龙寨茶场的原料已与几家大的茶厂形成了定向采购，发展良好。秀岭春天的"渠韵"、"秀岭洞茶"已在区域内广有口碑，秀岭春天成了区域茶叶消费的首选品牌。

徐昊夫妻二人特别注重员工的成长，除了定期把专家请进来培训，还会把员工派驻到成都学习茶的知识。2015年，秀岭春天在渠县县城开设了一家茶文化体验馆，以体验馆为平台，对消费者做茶文化知识的普及教育。现在，秀岭春天体验馆已经成为渠县县城的一个地标。

廖梓婷说："不仅要让老百姓喝到心中有数的好茶，还要将龙寨茶场打

造成川东人茶文化教育示范基地，喝茶和茶文化熏陶，一个都不能少。"

对于下一步计划，徐昊信心满满，他说："作为一个创业者，一个成长起来的茶一代，我想给传统农业插上翅膀，带动一方农民致富，让他们活得体面、受人尊敬，与他们一起努力做好茶叶……"

这也是徐昊、廖梓婷创业的初衷。

中国茶业迎来了黄金时代，连续十年复合增长率超20%。在这样的大好形势下，云南、福建、四川、河南等省自上而下大力发展茶产业，培植龙头企业。茶业已经成为这些省份支柱性农产业，诞生了一批全国性大企业，实现了经济效益和社会效益双丰收。

因为没有龙头企业，国家政策无法集中哺育；人人有份，导致资源分散，重复建设。企业的同质化竞争严重，多数茶企都是赚原料初级加工的钱，很少有茶企能通过品牌提升，来增加产品的附加值；因为没有龙头企业，企业普遍赢利能力不足，没有能力反哺产业链上游的茶农，更谈不上为国家贡献税收、承担社会责任。

（一）调整思路、放眼市场：茶业是渠县农村经济的一项特色产业。鉴于目前渠县茶叶生产现状，本着"稳定现有茶叶面积，提高茶叶产量和品质，增强市场竞争力"的原则，坚持以市场为导向，以品牌化、标准化、区域化、规模化、产业化的现代发展思路，及时调整茶叶生产的方向，选择性建设适应市场需求的无公害、标准化现代茶园。

（二）发展良种、建设基地：为了提高茶叶的品质、产量和增强市场竞争力，必须加快良种推广的步伐。在主产茶区，特别是卷硐乡、龙潭乡等自然条件、基础设施较好的茶园，分别改建1—2个良种茶园基地，以此推动全县茶叶良种化步伐。

（三）打造品牌、提升形象：渠县茶叶栽培历史悠久，卷硐乡的"硐茶"早已闻名周边县、市。一是领导重视，成立特色产业发展领导小组，各级相关部门给予大力支持和优质服务；二是广泛宣传，充分利用广播、电视、报刊、杂志等新闻媒体，大力宣传"贡品茶"、"硐茶",提高知名度;三是由政府部门主办,企业协办,举办茶叶展评会,扩大影响力;四是积极参与"茶博会"、"中茶杯"活动,争创名牌。

(四)培育龙头企业,促进产业化经营:随着市场经济的深入,渠县茶企的产品质量缺乏市场竞争力,逐步转产或倒闭,现仅存秀岭春天。为了促进渠县茶业产业化经营,政府不仅要在政策、资金上给予扶持和倾斜,同时还要在服务上给予保驾护航,力争用3—5年时间打造出第一家具规模、具影响的茶叶龙头企业,以引领和推动渠县的茶业持续、健康地向前发展。

让世界爱上中国茶

——蒋同在首届"茶与丝绸之路"高峰论坛演讲

2011 年 7 月，纽交所上了一个茶叶公司 TEAVANA，股票代码是 TEA。我随后去了一趟美国，考察了一下，看了纽约、波士顿几个城市的店。它是一个茶庄，是卖茶的，觉得很普通，但是它的顾客很多，店都开在当地最繁华的 Shopping mall 里面，相当于国内的万达、万象城。它是 1997 年才创立的，卖茶叶、茶具、茶饰品，茶叶主要来自安徽和福建，上市的时候市值大概是 1.2 亿美金。2012 年，就是上市第二年，它就被星巴克以 6.2 亿美金收购了。我曾联合三家中国企业收购，价格也不要后来星巴克那么多，后三家中有一家企业退出了，所以事情没做成，不然 TEAVANA 就是中国企业了。

宋代以后，中国对世界已经没有可以拿得出手的贡献，更谈不上有深远的影响，工业革命开始了英国的强国之路，美国的强大才有了星巴克、可口可乐，它们的企业家不一定比我们在座的企业家水平高。茶是全球最容易接

受的中国产品，茶的复兴指日可待。中国一定会产生世界级的品牌，这个品牌一定是几百亿级、上千亿级的，这个企业家一定在在座的诸位当中。

关于历史，我要说一说几位专家没有提到的，中国晋商、徽商，原始积累不是像欧洲靠侵略，而是靠茶叶。看看今世，茶业连续 10 年复合增长率超过 20%，超过 GDP 两倍多，中国可以超过 GDP 两倍的产业没有几个，白酒、房地产。茶业现在 2000 亿，产值前十名加在一起不到 200 亿，分散度很低，谁都有可能改变，茶业是巨大的朝阳产业。

丝绸之路对中国茶的当下价值是什么？

1. 文化就是商业。丝绸之路首先是贸易之路，是商业之路。茶行业当前风气很不好，有很多人虚无缥缈地谈文化，将文化谈成了空中楼阁。

2. 强者才有文化。为什么丝绸之路繁盛于汉唐呢？因为那是中华民族最强盛的时候。"我"就是标准。中国茶叶现在动不动提立顿，这是文化不自信的表现。

3. 战略主动性。丝绸之路是中国人主动开拓的，不是被动的，时间为公元前 2 世纪。

4. 血性的组织。张骞、班超、玄奘……前仆后继，勇往直前。

我们这个民族从宋代以后，血性已经没有了，像中国华为、阿里、海尔、万达、京东这样的企业，组织都是有高度血性的。

第一个，文化和商业的关系。我们要让文化与时俱进。为什么秦腔衰落呢？为什么黄梅戏、江苏的昆曲却能唱到都市里，唱给年轻人听？因为它们都做与时俱进的创新节目。11 月 1 日，我要在深圳接待安庆黄梅戏团到深圳演出。黄梅戏在香港很受欢迎。为什么同仁堂可以做得很好呢？为什么王老吉能做起来呢？中国有很多其他的老字号，不能与时俱进，不创新，就被市场淘汰了。不能应用的文化就是古董文化、博物馆文化。

第二个就是强者文化。一方面我们需要百家争鸣、百家齐放，要包容并蓄。但是中国茶业现在处于最佳发展机遇，主旋律应该是做强做大。企业做不大，你谈什么文化？一个小茶馆，一年才很少的业绩，你谈文化，别人会信你吗？

第三个就是主动性。我提到的领先企业，他们都在商业上主动出击。毛主席说中共的战略就是主动出击。现在国内有很多企业具有商业主动性，但是走出去，拥有全球视野的企业不多，白沙溪、大益都在尝试。我正在协助一个中国企业收购俄罗斯的一个企业。

第四个就是组织血性。组织是做大做强的保证，包括企业自己的组织，包括代理商、经销商，就是企业老板能不能笼络一批价值观一样的代理商、经销商，做好利益分配。很多没有做起来的，就是没有把代理商、经销商作为自己的组织统一起来。

请不要找借口，普洱茶、铁观音、安化黑茶当年都不是大茶类。过去那一套标准不代表未来的标准，我们满足的是70后、80后、90后，我们要实实在在地研究市场。中国茶的文化到底是什么？这是我的解读，中国茶的文化就在于千姿百态，妙不可言的文化，这个文化是时空两个维度，历史和个性。第一个历史的维度主要靠故事、荣誉。第二个就是个性，个性是核心原产地、工艺。

如果茶叶没有个性，那就是饮料。欧美标准化的产品历史很短，没有办法形成个性。没有能力的人，不自信的人，才整天用可乐、立顿改造中国茶。5年前就有人用这种标准化生产做茶叶，还是做不大。中国能走上世界的一定是名优茶。

文化是品牌的最高境界，用工业的标准扼杀茶的特性，本质就是不自信。基于文化的理解，茶叶企业一定要在两端布局，一个就是茶园和产品，赶紧做非物质文化遗产传承人的保护。另外就是做渠道和市场，代理商也是资源。我们很多企业在丢失代理商，我出差在外，经常看到某某企业丢失了一个代理商，因为双方利益矛盾太大。

两个战略命题：

第一，通过品牌和营销成为品类第一。我用一分钟时间解释一下什么叫品牌。这是一件20块钱的T恤，加上这个Logo T恤就可以卖到120。Logo

不一样，品牌不一样。同样的产品，品牌可以卖出更高的价格（溢价）；同样的产品，不同的品牌卖出不同的价格（价值）。

衡量品牌的两个指标：知名度和占有率。如果不能满足这两个指标，你就是自娱自乐。市场占有率是很重要的。有很多品牌是区域第一的，但是还要抢占其他区域。目前中国是五大板块，这里面是一个很大的战略课题，没有办法靠营销解决。

这是刚刚做的很大的事情，就是"重走丝绸之路"。泾阳县做了一个很重要的举措，用了事件营销，没有这件事情，怎么能有世界的媒体关注泾阳县呢？花一千万在央视打广告可以打多长时间呢？一个月？两个月？而泾阳县这次事件营销一下子引起了社会的关注。这是传播水平的体现。

谁是未来中国茶产业的王者，重要的不是机会，而是能力。

第二，大家要修炼文化。营销、品牌、文化的塑造，共生共融、成人达己。行业洗牌在即了，那些不回归本原，还不开始修炼内功的都会被淘汰。

习总书记在哈萨克斯坦说，构建丝绸之路经济带，绝不是让我们陶醉于丝绸之路周秦汉唐的历史中，而是希望利用资源，主动走出中国，成为中国走向复兴的实践者，成为中华文明的传播者！

在这样的大好契机下，中国茶若不能快速发展，称雄世界，却继续让碳酸饮料畅销世界，是中国茶人和中国的耻辱。

当下，中国茶人要在国内市场稳扎稳打的同时，主动拥抱世界，文化上传播、市场上推广。我们一起努力，让世界爱上中国茶。

2014 年 10 月 10 日
西安曲江国际会展中心

区域茶业品牌的全国化

茶业为何要全国化

首先，产业的发展实际上是龙头企业的发展。中国茶产业的产业集中度极其低。2012 年，茶产业是 1600 亿产值（中国茶业流通协会数据），但是，前十名集中度不到 15%。蒋同据此判断，中国制茶业属于"低度集中的市场结构"，并且规模经济效应不明显，属于极低垄断型的竞争性市场结构。这样的背景下，必须要产生一批龙头企业，整个产业才会有未来。而中国茶产业高度分散，几千个品类，几万家企业，每个品类、每家企业都有一亩三分地，如果要做大，就必须做到别人的一亩三分地里面，要从自己的碗抢到别人的锅里，才有可能壮大，否则，单靠自己的一亩三分地，自己的那点地盘的市场容量不足以支撑壮大。像牛奶，过去几千家，现在全国就那么几家了：伊利、蒙牛、光明、新希望。食用油也是，鲁花、福临门、金龙鱼。啤酒、白酒、服装、电视等等，各大产业都是如此，茶产业也摆脱不了这个规律。

其次，从消费者需求来看，目前中国的茶业品类、茶业企业实在太多了，多了，就乱了。整个国家大的文化背景是浮躁、现实、拜金主义，茶商唯利是图，加上国家的卫生、质量等诸多环节管理欠力度，导致茶业市场混乱，茶商以次充好，虚抬价格，产品农残重金属超标等等。如果全国茶业市场集中于几个大的领头企业，老百姓好监督，国家好管理。龙头企业也可以发挥示范带头作用，有效拉动地方经济。只有全国化，茶业企业才可以做大。

第三，目前国内一批主流的企业家都是 40 岁左右，正是年富力强的时候，他们正处于事业的上升期，对未来充满憧憬，愿意接受挑战，做大做强。

为什么茶业目前的全国化都不成功

到底做到多大规模才算是全国化？我们可以稍微估算一下，全国有 30 多个省，以每个省平均做到 5000 万元营销额计算，就是 15 亿左右，我这样算已经是很低的标准了。用销售额计算，是个硬指标，但对于茶业来说，不要说 15 亿，就算是每个省 5000 万也做不到，一两千万也算是不错的了，大量的都在 1000 万以下。

为什么会出现这样的尴尬局面呢？因为大家都以立顿、天福作为参考目标。我想说，目前中国茶业仍仅以英国立顿、台湾天福的思维来思考茶产业是有点不合时宜。

目前中国的茶业，主要有三种全国化模式。

第一，产品品牌模式。茶叶品类的背后是历史、地理环境、区域气候、工艺等特定的文化现象，这些文化现象经过几千年的传承，已经成为大家共享资源，无法成为某家企业独有。但是产品品牌是可以独享的，茶叶、白酒属于大众消费品，大众消费品的品牌本质上是在消费者心智中抢占一个位置——告诉消费者我是这个品类中最好的，消费者买的是安全放心。这种模式的代表是立顿、普洱茶的"大益"、蒙顶山茶的"跃华"、铁观音"八马"。

第二，渠道品牌模式。渠道品牌本质不是茶叶文化，而是茶叶好坏的标准。渠道品牌提供给消费者的核心价值是"放心"，这种放心是源自专卖店的品牌而不是对老板本人的信任。渠道品牌的定位是茶叶专家，来专卖店购买到的茶叶都是正装好茶。渠道品牌整合了上游的茶叶生产商，它实际上是一个茶叶展示和交易的平台。因为超越了老板的人际销售，赢利方式可以复制，企业可以实现连锁化扩张。这种模式的代表是台湾天福、北京吴裕泰。

第三，电子商务模式。电子商务说到底是一种渠道，借助于电商平台开旗舰店或者自己独立运营平台，成本比线下低，面对的是全国市场。做电子商务的茶企已经很多，但是目前没有出现大企业，原因是缺少创新，都是在模仿。茶叶电商还在摸索阶段，规模都较小。

全国化要具备哪些条件

区域性茶叶要走全国化路线绝非易事，必须同时具备以下几个条件：

第一，品牌必须支持（如老十大名茶等）。

第二，渠道必须有效率。

第三，管理层的价值观。

以竹叶青为例，竹叶青是具备全国化条件的，但是这么多年下来，投入很大，效果并不明显，竹叶青说到底还是个区域品牌，业绩也遭遇瓶颈。

道理很简单，竹叶青不是老"十大大名茶"，不是一线品类，是二线品类。一线品类指的是老十大名茶：西湖龙井、洞庭碧螺春、黄山毛峰、太平猴魁、六安瓜片、君山银针、信阳毛尖、武夷岩茶、安溪铁观音、祁门红茶，一线品类还有普洱茶、金骏眉。一线品类在全国人民心智中占有牢固的地位，是最好的茶的代表。竹叶青能不能全国化？是有机会的，但是这是战略问题而不是营销问题，竹叶青必须在战略上突破方能在营销上全国化。

茶的本质是历史和文化，历史上认同，现在同样认同，历史没有根，现在凭空造一个，哪怕炒作再厉害，最终还是不行。现在，很多茶企违背茶业的产业规律，策划出很动人的历史文化故事，但是时间久了，市场自然了解真相，消费者聪明得很，可惜有些企业至今还不懂这个道理。企业能否做大，诚信是根本，晋商、徽商几百年前做茶成就了无数巨贾富商，都是诚信地经营、实实在在地经营。

未来中国茶业全国化的典型首先会产生在老十大名茶里面的一线品类中，在一线品类目前集体弱势的背景下，二线品类才有全国化突破的机会，但是投入会很大。竹叶青的"论道"是有基础的，因为好歹竹叶青在四川还是有历史的，有口碑的，而且竹叶青的企业很扎实，通俗一点，马步很扎实，只不过"论道"的市场营销没有做好，但还是有机会的，这是后面几条要说的。

除了一线品类外，一些产品和文化很有特色的品类也具备全国化的机会，比如黑茶、藏茶、花茶、蒙顶山茶。黑茶白沙溪、蒙顶山茶的跃华茶业势头都不错。

第二，高效率的渠道。

同样是一线品类，全国化比拼的是品牌影响力和渠道的扩张力。品牌是拉动销售，渠道则是推动销售，缺一不可。没有渠道，就像人体的血液无法输送到身体各个部位。中国茶业除了八马、大益、天福已经具备初步的全国化渠道，其余99%都是在自家的一亩三分地里面，主要依靠政府采购、礼品团购过着小康生活。

什么是高效的渠道呢？天福为什么不厉害？天福虽然有1300多家门店，但是全国"撒胡椒粉"，平均分布，导致每个城市都不强，只要有竞争对手的地方，天福的店经营得都不太行。有些茶企业全国也有几百家店了，但是招商强，管理弱，招商之后，对于提高加盟商的单店盈利没有系统能力，从全国范围来看，相当数量的加盟商没有钱赚，自然选择关门，这对苦心经营的品牌是巨大的伤害，所以说有渠道，但是渠道效率低。

日春铁观音虽然门店不多，但是在泉州有效率，所以日春牢牢地抓住了泉州市场。华祥苑在厦门也是如此。

八马900家店比不上天福多，但是八马在全国有数个强势市场，比如在深圳，八马绝对主导。君山银针在湖南省内尤其是长沙、岳阳极其强势。日照碧波在山东省内，尤其是日照发力，成果显著。

一百家门店在全国有价值吗？价值不大，缺乏合力，那是"手枪的子弹"。一百家门店集中在一个省乃至一个城市呢？不用说，那是"炸弹效应"。同样的开店，同样的成本投入，你选择"炸弹"还是"手枪"。

市场大了，人就多了，就面临着组织建设，尤其是营销组织建设问题。组织建设绝不是简单的早上上班前举起拳头喊喊口号，也不是简单的搞几次培训。很多茶业老板都是党员，甚至是党支部书记，研究中国共产党的组织建设吧，这里不详细说了，下次有机会就营销组织建设深入聊聊。

自己的组织还不够，还要有联合力量，那就是代理商、经销商、渠道商。怎么有效地组织并管理商家是一门学问，绝对不是简单的发货收款，登门拜访吃饭喝酒这么简单。就像党有统一阵线一样，多鲜活的例子啊。

市场潜力巨大，八马、大益、下关、天福、君山银针还是有巨大的市场空间，还要继续努力。不过，企业的差距会越来越大，八马、大益、下关、天福、君山银针将越跑越远，越跑越强，将竞争对手远远地甩在身后。中国茶业的格局很快就要稳定了，没有多少机会了，现在的领头羊，除非自己出意外，否则未来将继续领先。

第三，管理层的价值观也很重要。

（1）对人生的价值观——对做大做强企业有着强烈的事业企图心，并能脚踏实地、诚信经营。（2）对战略的价值观——外部商业环境变化的敏感度，尤其是对创新、营销管理模式创新的敏感度，发挥自己的主动性并坚持。（3）对团队的价值观——要深刻理解组织的重要性，大的学习华为，小的学习海底捞的组织建设。（4）对成本的价值观——对组织建设的投入、对渠道的投入、对品牌的投入要慷慨、敢投，减少乱七八糟的费用。

载 2011 年 8 月《茶周刊》

附 3

2015 年，茶业的速度与激情

文 / 陈汉中

　　2015 年上半年，九峰茗茶爆发关店潮。其时，茶业生意难做，很多主流企业业绩在下滑，兵荒马乱中各种声音都有，似乎都有道理。茶业的困境，将企业多年高速增长掩盖的矛盾暴露出来：厂商之间的矛盾升级，企业高管离职跳槽等等。有的经销商去代理第二品牌，期待多品牌可以弥补单品牌增长的不足。大企业为提升商家信心，增加品牌投放力度，政策松绑，小企业直接放价以求短期放量回款。销量去哪儿了？大家一致认为是大环境不好。为探究问题的本质，中国茶产业咨询领军品牌和君茶产业事业部，进行全国大调研，行程几万里，召开十几次茶董会。本文通过事实和理论数据的分析，探究 2015 年下半年茶产业格局演变和走向，从理论和实践两个维度冲破迷雾。

一、数据分析

2014 年量值双增长

　　根据权威部门统计和和君茶产业研究数据统计，2014 年 1 至 12 月，我国茶产业的茶叶产量达到 209 万吨，产值达 1349 亿元，产量和产值连续高速增长。2014 年品类产量增幅不一，乌龙茶（青茶）历史最低，5.4%；绿茶基数大，保持约 6% 增速。白茶基数小，增幅高达 35.39%，黑茶（含普洱）增长 26.3%。如上图。

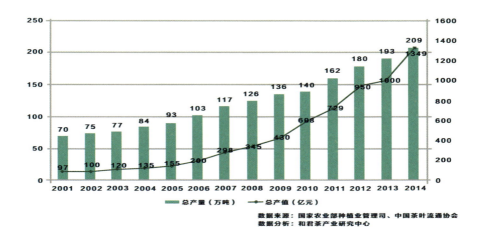

数据来源：国家农业部种植业管理司、中国茶叶流通协会
数据分析：和君茶产业研究中心

2001—2014 年产量产值趋势

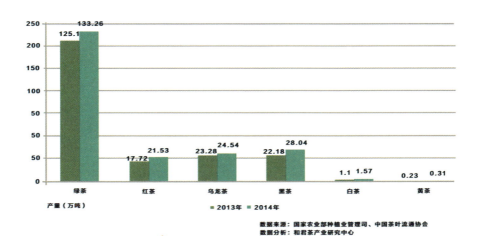

数据来源：国家农业部种植业管理司、中国茶叶流通协会
数据分析：和君茶产业研究中心

六大品类 2013—2014 年增长图

二、2015 年上半年调研预判

产业层面

1. 结构失效，产能过剩：过往几年，各地政府持续增大对茶产业的支持，一方面推动了茶叶市场的繁荣和现代化的进程，另一方面也造成了低效率的重复建设，茶园面积持续增长，企业产能持续扩张，企业期待通过运营提升效率及内涵式的有机增长已经变得很难。

2. 竞争者增加："大众创业，万众创新"和"互联网＋"的热潮下，更多创业者涌入茶业行业，销量趋向长尾效应。比较典型有：幸福茶农、包茶山、一千零一叶、子曰等等，上半场领先的大叔在新常态下出现倒退迹象。

3. 从市场调研看，茶产业本身没有问题，持续增长是趋势。只是销售被分散，传统"大叔"和"大婶"正在被"小野蛮人"打劫。

市场层面

1. 双动力衰减：新常态，GDP 下行，政务和商务消费受抑制，导致价格和销售双降。

2. 绿茶茶企普遍下降 30% 以上，普洱茶、黑茶资本转向，由收藏概念转向即时喝概念。存量和增量成为企业两难，品类间竞争和企业间竞争交织在一起。

3. 多元：城市商圈的多中心，渠道和终端分散多元。电商崛起抢夺了低端市场，零散型顾客正在逐步转变为销量主要来源。客单价下降，价格整体走向"腰部"和"下部"。

4. 准备不足，还沉浸在过去的好日子中。其实去年我们曾发表"厂商价值一体化"文章，提醒共享、共创的时代来临，封闭和单体作战愈来愈难生存。

因此我们预判

产业层面：中国茶产业面临产业的升级和转型，必将进入一个产业整合"类摩根时代"，并购和整合成为一股商业潮流，企业间的竞争演变为资本之间的竞争。

市场层面：

1. 2015年及未来几年，客户群体和渠道将越来越零散和碎片化，通过常规打法实现增量越来越难，茶业的市场化越来越强。互联网时代信息越来越对称，纯粹靠机会和交易关系的时代结束。

2. 环境对于所有企业和个体而言是公平甚至是开放的，只有企业的内在动力才是企业的真正的竞争力。部分企业可能因为自身原因掉队或被淘汰出局，也会有部分茶企毫不客气地上演《速度与激情7》的现实版本，改变品牌格局。

3. 下半年市场呈现旺季不旺，淡季不淡的态势。

三、竞争对策

我们观察了酒水、消费品、家电等其他成熟行业的胜者企业，并从中寻找规律，发现它们发展模式至少有三点共性：聚焦区域、聚焦产品、精细化管理。

聚焦区域

不谋一域者不足以谋全局，这是兵法告诉我们的道理。不管是八马还是大益还是白沙溪，都是从占有一个区域市场开始，集一个个区域的胜利为整体市场的胜利。成功的企业都是首先聚焦一个区域作为根据地，从而摸索出作战方法，培育出队伍，滚动复制。核心区域市场是业绩持续增长的主要来源。企业如果没有建立核心市场，在环境发生变化的时候，就很容易出现塌方式的下滑。跑马圈地不一定赢利，做透、做深、做细是新常态时期企业发展的王道。

守正出奇是精准营销的基本原则，以正合，以奇胜。既要有踏实的基本功，又要有差异化的出奇制胜的运作，打造领衔雁头产品，单品突破，多品长尾组合的阵容。例如八马—赛珍珠、大益—7542 和 7572、白沙溪—千两茶、峨眉雪芽—有机茶。其他行业也是如此，茅台—53°飞天茅台、五粮液—普五 52°、海尔—双动力洗衣机、娃哈哈—营养快线。好单品成为企业业绩提升和带活整个产品线的牵引力。同时要防止明星单品出现"螃蟹效应"，一红就死，这就需要下面的管理机制来保障。

精细管理

英国新制度经济学的鼻祖科斯：当外部的交易成本大于内部管理，那应该将外部交易关系转化为内部管理。当内部管理成本大于外部交易，那应该把内部管理转化成外部交易。

外部环境好的时候，企业重要的是速度第一，先跑起来，把规模做上去。通过野蛮、粗放生长，快速招商，开店，布局，广告轰炸，地面扎根，抢占市场和商家资源，其次才是管理。但在环境发生变化时，管理的问题就会集中爆发，表现为组织缺乏效率、厂商冲突、员工彷徨、离职跳槽，量价齐跌。决策像"重拳"打在"棉花"上，没有力量，这时候精细管理要摆在第一位。

新形势下，通过精细化的管理练就内动力，培养团队，切实把外部交易关系转化为内部管理，形成一体化关系。厂商价值一体化是实现关系转换的不二选择，在和君的协助下，白沙溪和八马在 2014 年度进行厂商一体化的实践，事实证明效果是非常好的。

四、试错创新

一年多来，我们听到很多"雷军"、"小米"、"互联网思维"、"大数据"、"风口上的猪"、"粉丝经济"、"互联网 +"等等。互联网有他的开放性和包容性，在它面前人人在一条起跑线上。企业或个体可以在试错、创新中寻找方向。未来是不确定的，但一定是基于认知的，在突变失序的环境下，营销实践需要新理论来指引方向。

作为致力于中国茶产业进步的推动者、实践者，和君茶产业事业部走正道、大道，会长期携手那些价值观端正、理想远大、脚踏实地的企业家，与地方政府合作，持续为中国茶产业的进步贡献价值。

载 2015 年 7 月《茶周刊》

陈汉中：和君咨询茶产业研究中心副主任，蒋同团队成员，幸福茶农合伙人，安徽大学工商管理硕士。从业 15 年，先后就职于三洋电器、西门子家电、雅迪电动车，擅长营销战略规划与实施、经销商经营与管理。

图书在版编目（CIP）数据

中国茶事：中国茶业复兴实践案例 / 蒋同等著. —上海：上海三联书店，2016.11

ISBN 978-7-5426-5705-3

Ⅰ.①中… Ⅱ.①蒋… Ⅲ.①茶叶-产业发展-案例-中国 Ⅳ.①F326.12

中国版本图书馆CIP数据核字（2016）第236167号

中国茶事：中国茶业复兴实践案例

著　　者 / 蒋　同　等

责任编辑 / 陈启甸　朱静蔚

特约编辑 / 周青丰　张智强　李志卿　丁敏翔

装帧设计 / 乔　东　阿　龙

监　　制 / 李　敏

责任校对 / 李志卿

出版发行 / 上海三联书店

　　　　　　(201199) 中国上海市闵行区都市路4855号2座10楼

网　　址 / www.sjpc1932.com

印　　刷 / 山东临沂新华印刷物流集团有限责任公司

版　　次 / 2016年11月第1版

印　　次 / 2016年11月第1次印刷

开　　本 / 700×1000　1/16

字　　数 / 115 千字

印　　张 / 13.5

书　　号 / ISBN 978-7-5426-5705-3 / F · 749

定　　价 / 68.00元

敬启读者，如发现本书有印装质量问题，请与印刷厂联系0539-2925680。

《中国茶事》第二辑

预告